Francesco Micieli

Der lachende Zahn meiner Großmutter

THELEM
2015

WortWechsel
Bd. 17

Francesco Micieli

DER LACHENDE ZAHN MEINER GROSSMUTTER

Dresdner Poetikvorlesungen

Mit einem Beitrag
von Walter Schmitz,
einer Zeittafel
und einer Bibliographie

THELEM
2015

Kultur
Stadt Bern

SWISSLOS
Kultur
Kanton Bern

Burgergemeinde
Bern

Gedruckt mit freundlicher Unterstützung der Stadt Bern, des SWISSLOS/Kultur Kanton Bern sowie der Burgergemeinde Bern.

ERSTE VORLESUNG

18. Januar 2011

PRÄTEXT
Begrüßen in der Ankunftssprache

1.

Sie sind in der Sächsischen Schweiz, ich in der Deutschen Schweiz. Sie kommen aus dem Wald, etymologisch gesehen, wir aus den Bergen von Epiros. Ihr Name stammt aus einer Minderheitensprache, unserer auch.

2.

Häufig werde ich als Exemplar einer Minderheit zu Lesungen oder Festivals eingeladen. Ich, eine ethnomuseale Figur. Anlässlich einer solchen Minderheiten-Show traf ich den Dichter Kito Lorenc an:[1]

> uns gehört die zukunft
> das gilt für uns
> und das gilt auch für die zukunft
> also auch an die zukunft denken
> und nicht nur an uns
> dabei immer ruhig in die zukunft blicken [...]

Wir sind wie letzte Exemplare von Europäern. Wir sind die sterbenden Europäer.

Hier in der Nähe fanden die Kämpfe Karls des Großen gegen die sorbischen Stämme statt.[2]

> Einer hielt sich, und ihm zur Abwehr schuf der pacificus imperator, der Friedenskaiser des Abendlandes, den Limes Sorbicus, die befestigte Grenze, die von Magdeburg nach Regensburg reichte. Später wurde auch dieser zwanzigste Stamm besiegt, und seither ist er so oft besiegt worden, daß es ein Wunder ist, daß es immer noch Menschen gibt, die sich als Sorben bezeichnen und von ihren Nachbarn als Sorben respektiert werden möchten.

Wir wollen, bevor wir ganz verschwinden, noch eine Klage deponieren. Wir schreiben.

3.

Nicht zurückzuschauen, wäre eine mögliche Lösung. Wir wissen um das Ende des Orpheus. Er war auch ein sterbender Europäer.

Da sein, wo alle sind. In der Jetzt-Zeit und nur da. Mein Ich ist heutig, aber mein Selbst wird aus dem Zurückschauen, aus den Erinnerungen geformt. Am Anfang waren es die Blicke meiner Grossmutter. Sie schaute häufig in die Ferne und sagte: »Von dort kommen wir. Mit kleinen Booten sind wir vor den Osmanen geflüchtet.« Damals glaubte ich, man müsse immer in die Ferne schauen, um zu wissen, woher man kommt. In einem Dorf, in welchem nebst der Kirche nichts anderes existierte, waren die mündlichen Erzählungen unser Theater, unser Kino, unsere Oper, und in diesen Aufführungen ging es immer wieder um die Flucht meiner Vorfahren über die Adria, um ihre letzten Kämpfe an der Seite von Skanderbeg. Sie bewegten die Lippen meiner Grossmutter und gaben meinem Grossvater die Lieder.

Oh, du schöne Morea, dort habe ich meinen Bruder.

Daraus lässt sich in keiner Weise schliessen, dass wir nicht heutig sind. Wenn ich an Sofia denke, die sich in meiner Erzählung *Am Strand ein Buch* durch Schlepper über die Adria bringen lässt, nur um am eigenen Leib zu erfahren, wie es war, damals vor über 500 Jahren, heisst das für sie nicht, dass sie das heutige Leben nicht lebt, im Gegenteil, durch das Nachstellen der Geschichte ihrer Vorfahren erlebt sie am eigenen Leib eine sehr heutige Geschichte. Die Geschichte der Flüchtlinge, die Tag für Tag unterwegs sind, um ein besseres Leben zu finden. »Wir sind durch die ganz einfache Tatsache modern, dass wir in der Gegenwart leben«, sagt Borges und weiter: »Noch hat keiner die Kunst gemeistert, in der Vergangenheit zu leben, und nicht einmal die Futuristen haben das Geheimnis entdeckt, wie man in der Zukunft leben kann. Wir sind modern, ob wir wollen oder nicht.«

Auch ich fühle mich modern und heutig, obwohl ich von der Vergangenheit aus erzähle. Ich bin fest überzeugt, dass all diese Räume gleichzeitig da sind.

Und ich will nicht vergessen, denn nur so bleibe ich wach und bin gegen eine Verherrlichung der Vergangenheit gewappnet.[3]

> Als Italo-Albaner war ich in Italien fremd. Als Süditaliener war ich während meines Studiums in Florenz fremd. Als Italiener war ich in der Schweiz fremd. Italo-albanischer Süditaliener ist eine potenzierte Fremdheit. Ich fürchte das Vergessen. Erschreckend zu sehen, wie die nicht mehr so Fremden fremdenfeindlich werden, denn es gibt immer andere, die noch fremder sind.

»Man vergißt nicht, / sondern etwas *Unbetontes* setzt sich in uns fest«[4], sagt Roland Barthes in seinem *Tagebuch der Trauer*.

Es war ein Geruch, der aus dem Bahnhof Bern stieg, der in mir die Sprache auslöste. Ich musste vom Zahn meiner Grossmutter schreiben. Ich schrieb auf Deutsch, ohne zu überlegen.

In dieser Sprache konnte ich das »Unbetonte« betonen.

Die Welt ist Sound, ist Ton.

Und die Auslassungen sind der Raum der Literatur. Sie kennen den Ratschlag, den Brecht einem Schauspieler gab, als dieser einen Song auf der Gitarre begleiten musste und dies nicht konnte. Der Schauspieler versuchte, sich zu verteidigen: Das Stück habe sieben Akkorde, er könne nur drei, er spiele aber einen Arbeiter und dieser könne auch nur drei Akkorde. Brecht soll die Entschuldigung zustimmend angenommen haben, aber wie gesagt, mit folgendem Ratschlag: Der Schauspieler solle die übrigen Akkorde auch lernen und sie erst dann weglassen.

Ich habe vier Muttersprachen. Drei lasse ich aus.

DIE VIELEN SPRACHEN IN EINER SPRACHE

Wittgenstein sagt: »Das Kind lernt nicht, dass es Bücher gibt, dass es Sessel gibt etc. etc., sondern es lernt Bücher zu holen, sich auf den Sessel zu setzen, etc.«[5] oder an anderer Stelle: »Wenn das Kind die Sprache lernt, lernt es zugleich, was zu untersuchen und was nicht zu untersuchen ist. Wenn es lernt, dass im Zimmer ein Schrank ist, so lehrt man es nicht zweifeln, ob, was es später sieht, noch immer ein Schrank oder nur eine Art Kulisse ist.«[6]

Der Zweifel kommt, wenn man gezwungen ist, eine Sprache aufzugeben, um in eine andere zu wechseln. Sehr früh wurde mir klar gemacht, dass meine Sprache, das Italo-Albanische von S.Sofia d'Epiro, vor den Mauern der Schule aufhören würde, dass meine Sprache kaum zu gebrauchen sei. Als wollte man mir sagen: Schau die Welt, die du bisher gesehen hast, ist nicht brauchbar, nur eine minderwertige Attrappe. Die Schule war staatliches Italienisch mit meridionalem Akzent.

> Mein alltäglicher Gang zur Schule war eine Auswanderung. Von der Muttersprache zur Staatssprache, ›Scuola elementare‹, hinter grossen Mauern.[7]

Die Dinge, welche ich dort zu benennen lernte, waren aber für mich durch und durch Kulisse. Als drei Jahre nach meiner

Einschulung mich die Eltern in die Schweiz holten, stand ich mit zwei Sprachen in der Hand vor einer neuen Kulisse, die vorgab die Schweiz zu sein und die fremdenfeindlich war. Spaghettifresser, Gotthardchinesen, Katzenfresser, Messerwerfer usw. Die Italianità hatte damals noch nicht das Land erobert. Es gab noch keine Toskanafraktion, keine Piemontfraktion. Pizza, Pasta, Cappuccino, Latte macchiato.

> Mein Bruder und ich verloren so die Sprache, die unsere ersten Jahre erzählte. Die Welt unserer Ich-Erzählungen verschwand. Es blieb eine Leere zurück. Wir waren nackt, verletzt, ohne Erzählkleid …[8]

Erst als ich die Dingwelt mit der neuen Sprache beseelen konnte – oder war es umgekehrt? – erst als die Dingwelt meine neue Sprache beseelen konnte, erst als die Wörter nicht blosse Zeichen blieben – damit will ich nicht sagen, dass man in einer »unbeseelten Sprache« nicht sprechen und schreiben kann – erst dann war ich im neuen Land angekommen. Ich blieb zwar fremd, fühlte mich aber wirklich und in einer wirklichen Umgebung, die aufgehört hatte Kulisse zu sein für eine Emigrantengeschichte. Viele kommen nie richtig an. Bleibt das neue Land, das Ankunftsland eine Kulisse, tut man so, als wäre man in der Heimat in einem fremden Land. Ein Reservat entsteht. New Italy, Chinatown, usw.

Je mehr ich mit meiner neuen Sprache in der Schweiz ankam – »Lue dert die grasgrüene chüe wie si chöie chöi« – um so mehr wurde meine frühere Welt und mit ihr die Welt der Emigration zur literarischen Fiktion. Ich musste darüber schreiben, um ich selbst sein zu können. Manchmal hatte ich sogar das Gefühl, die Erinnerungen kämen mit der neuen Sprache. Ich erinnerte mich auf Deutsch und nicht auf Italo-

Albanisch. Als seien deutsche Texte für mich vorbestimmt, als könnte ich mich nur in dieser anderen Sprache erzählen. Fast schien es mir so, dass ich mich »nur noch zeigen kann in der WORTVERKLEIDUNG : in der Sprache anderer, weil man sich zurückgenommen hat in die äußerste Lautlosigkeit Sprachlosigkeit Schweigsamkeit«,[9] wie Friederike Mayröcker dies treffend formuliert.

Der Sprachverlust führte zum Verlust der Erzählung, die sich dann in der angeeigneten Sprache ereignete.

> Denn was in die Niederschrift eines Buches eingeht – ob Roman, philosophische Abhandlung, Gedichtsammlung, Biographie oder Thriller –, ist letztlich das Leben eines Menschen: gut oder schlecht, doch stets endlich […],

sagte Brodsky in seiner Rede zum ersten »Salone del libro« in Turin.[10]

Ich ahnte, dass, wenn mein »ich« noch zum »selbst« werden will, ich die Verpflichtung hatte über das Fremdsein zu schreiben.

Als ich an diesen Vorlesungen schrieb, die ich als psychotherapeutische Chance betrachte, über mein Schreiben und mein Lesen zu reflektieren (Ich bedanke mich dafür.), erlebte ich einen Bruch mit meiner geliebten und frei gewählten Literatursprache, dem schweizerischen Schriftdeutsch. Genauer gesagt, ist es nicht ein Bruch mit der Sprache, sondern mit dem Ort dieser Sprache. Der deutschsprachige Raum der Schweiz trennt sich immer mehr von mir. Die mühsam eroberte Verbindung zwischen der Dingwelt und der Sprache droht unterbrochen zu werden. Viele Menschen dort wollen nur unter ihresgleichen sein. Der Fremde wird wieder zum Barbaren, zur Bedrohung. Man geht sogar so weit, dass man ungleiches Recht in Kauf nimmt, dass gegen die eigene (wunderbare) Verfassung gekämpft wird.

Die Nähe zwischen dem Wort für das »Zeigen, wer man ist«, und dem für die Handlung des sich von einem ungeliebten Individuum Befreienden ist frappant: Ausweisen/sich ausweisen (uswiise säch uswiise).

In seinen Flüchtlingsgesprächen hatte Brecht dieses Gefühl wie folgt formuliert:[11]

> Der Paß ist der edelste Teil von einem Menschen. Er kommt auch nicht auf so einfache Weise zustand wie ein Mensch. Ein Mensch kann überall zustandkommen, auf die leichtsinnigste Art und ohne gescheiten Grund, aber ein Paß niemals. Dafür wird er auch anerkannt, wenn er gut ist, während ein Mensch noch so gut sein kann und doch nicht anerkannt wird.

Ich weise mich aus, ich bin ein Anderer, ich werde ausgewiesen. Die Einheimischen provozieren mich, sie wollen, dass ich reagiere, dass ich einen Fehler mache, dreinschlage, damit sie mich automatisch ausschaffen können. Die Gastfreundschaft hat verloren. Der gemeinsame Ort, in welchem wir alle Gastgeber und Fremder zugleich sein können, hat verloren. Der Fremde muss sich verleugnen, so tun, als sei er ein Einheimischer. Ein solcher Wald ist kein Wald. Es ist eine Baumschule.

Sich selber fremd werden. Ich nenne mich Franziskus Michel und komme aus dem tiefsten Emmental, jodle und schwinge die Fahnen.

Die Einheimischen, die seit vielen Generationen im Lande leben, die Kelten und Römer weggejagt haben, oder mit ihnen ins Bett gestiegen sind, um neue Einheimische zu zeugen, auch sie werden fremd, denn jagt man alles Fremde zum Teufel (um es salopp auszudrücken), zeigt sich die Maske der eigenen Fremdheit. Das Fremde sind wir selbst.

Ivan S. heisst der erfundene Fremde auf den Plakaten der Schweizerischen Volkspartei. Das S. könnte dann für Schweizer stehen, wenn die anderen Fremden alle ausgeschafft sind. Wir sind unser eigener Ivan S.

Mein Traum: In solchen Momente der Geschichte einer Demokratie sollten alle Fremden wie auf Befehl das Land verlassen: die Deutschen (sie nehmen den Einheimischen die besten Jobs weg), die Slowaken, die Portugiesen, die Albaner, die Serben, usw. Das Land stünde still. So still wie die SVP die Schweiz haben möchte. Die Partei hätte keine Inhalte mehr – denn sagen wir es, es ist eine Binsenwahrheit: der Fremde ist solchen Parteien sehr willkommen, er ist ihr Stimmenfänger – kaum Pflegepersonal wäre da, zu wenig Ärzte, Bauarbeiter, Küchenpersonal.

Still. Still.

Das Land steht schwarz und schweiget.

Ich bin abgeschweift, ich weiss. Zurück zu meinen Sprachen, denn über sie wollte ich reden. Italo-Albanisch, Kalabresisch, Italienisch, Schweizerdeutsch und Schriftdeutsch, und da ich in einer zweisprachigen Stadt unterrichte, müsste man das Französische auch mitdenken. (Es mag zu sehr nach EU-Sprachenpass tönen, ist aber nicht so gemeint). All diese Sprachen sind einander fremd und leben friedlich in der Abteilung Sprachen meines Hirnes. Ohne grosse Probleme geben sie an die Lebendigen Informationen über die unbelebte Welt, egal welche Sprache Laut oder Schrift wird. Sie sind die verschiedenen Instrumente im Orchester. Zu hören ist die Musik der Sprachen. Sie sind Gast und Gastgeber zugleich. Sie sind die Wörter des Anfangs.[12]

> Worte sind nicht Gefäße des Unaussprechlichen, sondern *Körper*. [...] Dem unaussprechlichen Sinn gegenüber sind sie wie stumme Mimen [...]; sie neigen und verbeugen sich, in sich geschlossene Körper; wie Marionetten sind sie –: aus dem Tanz aber, den die stummen Mimen aufführen, wird dir allenfalls der Blick zum Unaussprechlichen momentweise ahnend aufdämmern, und du hast das Leben.

Es gibt den Traum der verschiedenen Sprachen in einem Text. Ein alter Traum. Ich denke es ist nicht wichtig, ob sie zu einer Sprache werden oder ob sie verschiedene Sprachen bleiben und zu einem Text werden. Ich habe einmal behauptet, ich spräche das Italo-Albanische von S. Sofia d'Epiro in verschiedenen Sprachen weiter. Das reicht nicht aus, denke ich. Es geht um die Umkehrung des Turmes zu Babel, um die Umkehrung der Strafe, die dem ersten bewussten Redeakt des Menschen folgte. »Iss den Apfel, Adam!« ist der Anfang der Erzählung. Dem Menschen war aber nur die Aufzählung (das Nachsprechen der Namen, die Gott gegeben hatte) der Schöpfung und nicht deren Erzählung gestattet. Das Paradies als Ort ohne Zeit und ohne Geschichte musste verlassen werden. Noch durfte man die eine und göttliche Sprache sprechen, bis die zweite grosse Strafe verhängt wurde, die dem Menschen den Aufenthalt in der göttlichen Sprache verbot. Es entstanden die vielen Sprachen, die den ganz direkten Draht zur Schöpfung verloren hatten, ihn nur noch ahnen liessen.

Vielleicht ist es die Suche nach jener »Ursprache«, die sich in jedem literarischen Text wiederholt. Am Anfang war das Wort. Immer wieder die Suche nach dem »alles ist Sprache«. Der Pfingsttraum. Die Zungen lösen sich, alles wird gesprochen, alles wird verstanden.

> A dix heures et demi, je trouve Marie déjeunant, un sorriso d'anima lampeggia in questo volto. Toutes les actions provoquent la familiarité, j'ai l'air guindé et un peu niais. I see and she gives me to understand that she is pregnant, I believe of two month. J'ai le ridicule d'être un peu jaloux.

So schreibt Stendhal in seinen Tagebüchern (28. Juli 1810). Französisch, Englisch und Italienisch in einem Text. Die einzelnen Sprachen erzeugen mehr Raum im Text, sie werfen sich gegenseitig ein schönes Licht. »Un sorriso lampeggia.« Sie lassen uns als Leser nicht draussen. Sie setzen uns mit dem Text in Berührung. Wir verschieben uns in den Text und verschieben das Ich des Textes.

Im Schreiben exiliert die Sprache und wird dort zur Sprache des Fremden. Das Buch als Ort, wo ein Ich entsteht, für eine gewisse Zeit. Ich muss bereit sein den Preis für meine Fremdheit zu entrichten. Jeder muss einen Preis zahlen, um ein Fremder zu bleiben, d. h. sich selbst zu sein.

Im Schreiben exiliert die Sprache und kann – wenn alles stimmt, wenn die Kraft da ist, wenn wir durch- und aushalten – in besonderen Augenblicken zur Ursprache werden, die alle Räume des Universums und der Universen besprechen kann. Nur unter diesen Annnahmen kann ich das »Murmeln« des russischen Dichters Mandelstam, den lautlosen Sang bei Marina Zwetajewa oder die immer kleiner werdende Schrift Robert Walsers als Antennen zur Ursuppe des Geschriebenen verstehen.

»Die Schweiz kehrt zu ihren alten Werten zurück«. So oder ähnlich heisst es auf den Affichen einer Wochenzeitung einige Tage nach der Annahme der Ausschaffungsinitiative. Was tun? Auf die Sprache verzichten? Oder exilieren? Wie Dante

Alighieri eine »Vita Nova« schreiben. Auch in Ausschaffen ist das Wort schaffen. Welcher Mime wäre da am Tanzen?

Als immigrierter Emigrant gehe ich in die innere Emigration. In meiner Kindheit flüchtete ich bei meinem Sprachverlust in die Welt der Zahlen. Sie waren genau und überall gültig:

> Ich träumte von Muttersprache, von Muttersprache, die mich beschützen würde, wie eine zweite Haut. Sie sollte sein wie mein Körper, sie sollte mich zu mir bringen. Ich träumte, ich lernte Muttersprache an den tröstenden Wörtern meiner Mutter, die mir versprach, dass sie mir am nächsten Tag warmes, frisches Brot geben würde; ich lernte Muttersprache auf der Treppe zum Zimmer meiner Grossmutter, die mir Lieder aus einer alten, unwirklichen Heimat sang; ich lernte Muttersprache im Streit mit anderen Kindern; ich lernte Muttersprache mit den Gedichten, die der Glöckner auf der Piazza aufsagte. Ich konnte sie nicht verstehen, aber sie schrieben sich in meinen Körper ein.
>
> Als ich wieder aus meinem Zahlengefängnis kam, fasste ich den Entschluss, nie Mathematiker zu werden und wurde traurig. Eine Trauer, die sich mit dem üblichen Weltschmerz vermischte und einige Jahre dauerte. Eine Trauer, die mich zum rettenden Gedanken brachte, dass ich ein Arlecchino war, ein Sprach-Arlecchino. Wie sein Kleid war mein Sprach-Kleid ein buntes Gemisch aus Sprach-Stoff-Fetzen. Ich wusste mit Bestimmtheit, dass ich nie so sein würde wie jemand, der nur in einer Sprache gross geworden ist, dass ich nie dieses Aufgehoben Sein und diese Sicherheit erreichen würde im Sprechen und im Schreiben.[13]

In der fremden Sprache, von der man betört ist, ahnt man die Gipfel, die man erklimmen möchte. Ich bleibe in der Schweiz, weil ich Freunde habe und weil ich noch viele Gipfel erklimmen möchte. Die Gefahr zu fallen ist immer da, denn ich besitze kaum Sicherheitsseile.

Das »Ich« ist in der Sprache und das Fremde in der Kultur. Was hier fast als Motto daher kommt, ist zutiefst wahr. Ich erlebe es im Ankunfts- und im Herkunftsland. Mein Ich findet im Italo-Albanischen, im Italienischen statt. Im Land selber bin ich fremd geworden. Ich denke nicht mehr wie sie. Aber die Sprache lässt mich Subjekt sein. Meine Aussprache im Italienischen weist nicht auf eine bestimmte Region hin. Ich spreche ohne Färbung.

Ich bin lo Svizzero, der Schweizer.

Mein Berndeutsch hört sich ganz echt an. Man denkt nicht an eine Imitation. Mein Berndeutsch ist eine Muttersprache meiner dritten Geburt. In der Gesellschaft bleibe ich aber der Andere.

Der Italiener. Der Michelin, der Mikeli, der Mikieli, der Mitschel, der Michel.

Mein »Ich« ist in den Sprachen und mein Fremdsein in der Kultur.

Für dieses Gefühl habe ich das Wort mehrheimisch geprägt, das in bewusstem Gegensatz zu einheimisch steht.

Achtung Sprache, ich schaue dich an!

Sicher ist, dass man in der fremden Sprache eine andere Beziehung zur Sprache hat. Man lässt sich von ihr nicht leicht übertölpeln. Jede Muttersprache droht das Denken und den Verstand zu übertölpeln. Die Wörter werden schliesslich zu Trugbildern, die geistige Stereotypen erzeugen. Ich wollte die fremde Sprache genau anschauen. Die fremde Sprache kann

Fallen legen. Sie lässt sich nicht so einfach mitnehmen. Sie ist kein leichtes Mädchen. Im kleinen Essay »Ich habe mich lügend in die (bern-)deutsche Sprache gestohlen« drücke ich diesen Willen folgendermassen aus:

> Ich lernte die neue Sprache so, wie man eine Muttersprache lernt, ich lernte nicht nur den Gebrauch von Bedeutungen, sondern den Umgang mit ihnen, den gesellschaftlich geregelten Gebrauch von Sprachmaterial. Das Berndeutsche »es geit« war für mich ein Gemütszustand, den es nur in Lützelflüh gab, und sicher nicht eine Entsprechung des »si do Krishti« in der Muttersprache. Es erinnert mich an die Geschichte eines deutschen Juden in New York, der gefragt wurde, ob er nicht »happy« sei, in dieser Stadt leben zu können. Happy sei er schon, soll er geantwortet haben, aber nicht glücklich. Fehler und deswegen kleine Lügen blieben noch eine Weile. Hausweh (Halsweh) war bei mir immer in der Nähe von Ausweh (Alles Weh), einen Zustand, den ich sehr genoss. Wenn schon weh, lieber alles weh. Der Schmerz erinnerte mich an richtiges, wahres Dasein.[14]

In der Dissertation von Christina Wirz »Immigration, Langues, Intégration« heisst es:

> Francesco Micieli expose ici un sujet important: les signes pathogènes de migrants. L'enfant exprime une douleur qui touche son corps entier, il invente même un nouveau mot: Ausweh[15]

Ist mein Text wirklich ein Beweis für die in der soziologischen Literatur bekannte Krankheitsreaktion der Migranten? Kann es sein, dass ich beim Schreiben daran gedacht habe und jetzt es nicht mehr weiss? Stehe ich nicht dazu, weil ich mich schäme? Weil ich nicht mit einer Krankheit reagieren will?

Dass aber das Spielen mit Sprache und nicht die Krankheit im Vordergrund steht, zeigt sich ein paar Zeilen später: »Häufig ging ich mit ›Buechweh‹ zur Schule«. Die Nähe von Buuch und Buech oder von Berndeutschem Buuch und Deutschem Buch hat mich immer wieder zu spielerischen Verbindungen gereizt. Will ich mich aus der Verantwortung stehlen? Will ich die in der Wissenschaft erst seit kurzem wirklich anerkannte Pathologie der Migranten in Frage stellen? Nein, das will ich nicht, denn der Schluss, den Frau Wirz aus meinem Text zieht, ist auch für mein Nachdenken über den Einfluss meiner Sprachen auf mein Sein wichtig.

> Ce mal partout de Francesco Micieli traduit la souffrance corporelle de ne pas maîtriser la langue. La guérison de cette souffrance a lieu au moment où l'enfant peut surmonter la barrière linguistique.[16]

»Der Löwe spricht ... und wir können ihn nicht verstehen«, heisst es bei Wittgenstein, weil Tun und Wollen des Tieres nicht mit Sprache verknüpft ist. Bei uns ist es anders. Man muss uns verstehen, wir müssen zur Sprache gelangen.

> Die lange Reise hierher hatte sie auf sich genommen, um nicht alleine zu sein. Sie sprach mit niemandem. Auch nicht mit ihrem Sohn. Dieser hatte sich daran gewöhnt. Nur ab und zu hätte er ihr gerne etwas gesagt. Aber sie schwiegen sich an. Er kaufte ihr einen Fernseher. Davor sass sie den ganzen Tag. Auch wenn kein Programm gezeigt wurde. Sie schaute sich das Flimmern an. Eines

> Tages begann sie zu sprechen. Sie schaute in den Fernseher und sprach. Ihr Sohn traf sie so an, als er von der Arbeit kam. Deine Stimme, du sprichst, sagte er. Sie hatte ihn nicht bemerkt. Sie sprach weiter. Ich kann dich nicht verstehen. Diese Sprache kenne ich nicht. Er hielt ihre Hand. Sie schaute ihn nicht an, starrte in den Fernseher und sprach./Ich werde dir eine Arzt holen. Ja, ein Arzt wird dich heilen./Er rannte hinaus ...[17]

Das »Ich« ist in der Sprache, das Fremde in der Kultur. Die Aneignung der Sprache kann heilen. Denn nur in der Sprache kann ich über mein Dasein sprechen. Nur so kann ich teilhaben und Teil sein. Unser Deutsch sollte aus den Räumen all unserer Sprachen entstehen. Eine Vielstimmigkeit.

Ein schönes, gutes, heilendes polyphones
Deutsch. Eine Art allstar Orchestra.
Die Regeln der Gastfreundschaft.

ZWEITE VORLESUNG

19. Januar 2011

PRÄTEXT

Heute Morgen hat der chinesische Student Jian Tan mir die Stadt Dresden gezeigt, sein Dresden. Er der Gast und der Gastgeber zugleich. In den vier Jahren, die er hier verbrachte, hat er sich das Sächsische angeeignet und mit der Sprache auch Geschichten und Redewendungen und Körperhaltungen beim Sprechen. Aber er ist kein simpler Imitator. Er beginnt in der deutschen Sprache zu kreieren, denn seit er hier ist, weiss er, dass er nicht mehr ausserhalb des Deutschen leben kann und will. »Nur so lässt sich atmen.« Sprache ist eben auch ein Raum, ein Raum, den man als den eigenen Raum entdecken kann, obwohl man davon nichts wusste, nicht einmal die Sprache kannte. Nicht jede Sprache wird Raum oder Schrift. Einige Sprachen werden in uns Gebrauchssprachen. Schreibe, écrivance nannte es Roland Barthes als Gegensatz zur Schrift (Literatur), écriture.

DIE REGELN DER GASTFREUNDSCHAFT

Da und weg.

Ich plädiere für das Recht »fremd zu sein«, damit meine ich nicht, dass ich am Ort, in der Stadt, im Land, in welchen ich sesshaft bin, keine Verantwortung oder Pflichten habe. Es ist grundsätzlicher gedacht: Jeder hat das Recht ein Anderer zu sein, ein garantiertes Menschenrecht. Wie die freie Meinungsäusserung.

Jeder hat das Recht fremd zu sein und darin respektiert zu werden.

Im Nachdenken über das Fremdsein ist mir der Dichter Edmond Jabès ein Vorbild. Er wurde 1912 in Kairo geboren, 1957 emigrierte er nach Frankreich und lebte dort bis zu seinem Tod 1991. Das Thema der Fremdheit war eines seiner grossen Themen. Für ihn ist die unendliche Grosszügigkeit dem Fremden gegenüber die Grundbedingung; das sine qua non der Gastfreundschaft. Er stellte sich ein utopisches Haus vor, in welchem Pilger und Fremde sich gegenseitig aufnehmen und sammeln. Dass die Sprache des Gastes nicht die des Gastgebers ist, dass letzterer diese nicht wird sprechen können, ist, was ihn daran hindert, den Gast unterwerfen zu wollen, ihm Gesetze auflegen zu wollen. Es ist ein Ort, in welchem wir alle einsehen, »dass jedes Vaterland nie etwas anderes ist als ein winziger Teil eines gemeinsamen Traums«.[18]

Manchmal stelle ich mir vor, dass ein Teil des Hasses, der dem Fremden entgegengebracht wird, mit diesem Traum zu tun hat, weil der Fremde uns daran erinnert, dass der Traum noch nicht erfüllt wurde, dass wir davon weit entfernt sind. Der Fremde erinnert uns an die Vertreibung aus dem Paradies. Wir glauben dorthin zurückkehren zu können, wenn der Fremde abgeschafft ist. »L'enfer c'est nous.«

Welches Bild hat der Einwanderer vom Einheimischen? Ist es das Bild seiner erlebten Differenz? Einer positiven Differenz. Nur wenn diese bekräftigt wird, ist eine richtige Begegnung möglich. Fremdheit hat einen Preis und es ist gut und richtig, diesen zu entrichten, denn wollen wir wir selbst sein, müssen wir Fremde bleiben. Verstehen Sie mich bitte nicht falsch. Ich meine damit nicht, man solle sich in einen Rudel von Fremden integrieren, eine Zone, eine Parallelgesellschaft gründen, denn dies würde nur die Umkehrung der Einheimischennation bedeuten. Sich bleiben und anders sein und da sein und da mitmachen und heutig sein. Da. Da. Da. Ich denke, einige Minderheiten in den verschiedenen Ländern Europas haben so gelebt. Die Italo-Albaner zum Beispiel sind über 500 Jahre Fremde geblieben, mit ihrer Sprache, ihren Liedern, ihren Sitten, und dennoch haben sie sich in den Italienischen Staat einbezogen gefühlt. Viele von ihnen haben sogar mit Garibaldi für die Einheit Italiens gekämpft. Im Grunde geht es um das Ursprüngliche ALL-EIN-Sein. Alle und Einer.

Ich erinnere mich gut, wie die Italiener von Burgdorf – ich besuchte in dieser kleinen Schweizer Stadt das Gymnasium – mir vorwarfen, ich sei nicht mehr Italiener, ich habe sie verraten, und wie die Schweizer mir sagten, ich sei zu italienisch, ich gehöre nicht in ihr Gymnasium. Die Vorwürfe zielten unter die Gürtellinie. Es galt sie auszuhalten, zu argumentieren und nicht zu schlagen, obwohl die Italiener von damals immer schlugen, Messer hatten und ganz gefährlich waren. Der Fremde ist der Schuldige. Man muss ganz aufmerksam bleiben und sich immer wieder hinterfragen, denn man neigt häufig dazu diese Andichtungen zu übernehmen. Ja, man ist laut, ja man ist gefährlich, ja, man stinkt nach Knoblauch! Kommt man aus einer anderen Religion, trägt man einen Bart und hat immer Sprengstoff dabei. Die Typisierung kann Wirklichkeit werden und mein »Ich« bestimmen.

Es ist banal, die Geschichte wiederholt sich, auch die Geschichte der Fremden. Immer wieder kommen neue Fremde. Fremdere Fremde. Das Europa der Fremden. Mein Schreiben erzählt nur einen kleinen Teil davon, es ist ein Fragment, aber da diese Wiederholung ohne Ende ist, muss jeder sein Fragment dazugeben. Daran weiterschreiben, damit die grosse Erzählung entsteht. Bei meinen Lesereisen führen die anderen Fremden meine Fragmente weiter. Sie erzählen von Gefängnissen im Meer, von Schleppern, von korrupten Polizisten, von Demütigungen. Welch eine billige Lust, den Fremden zu demütigen!

Ich bin Schriftsteller geworden, weil ich fremd geworden bin. Nur so kann ich mir erklären, dass ein besonderer Geruch, der 1985 aus dem Bahnhof Bern gestiegen war, beim unschuldig vorbeigehenden No-Future-Studenten, der ich war, eine Erinnerung auslöste, die ihn zum Schreiben zwang.

Schwer zu sagen, was aus mir geworden wäre in S.Sofia d'Epiro, was aus mir in Argentinien geworden wäre, meine Eltern wollten zuerst dorthin auswandern. Hätte das Spanische zu mir gesprochen? Mich angesprochen? Hätte es mich verführen können wie das Deutsche? Hätte ich die Wörter in Argentinien auch anschauen können wie ein Schaufenster, die einen Blick in viele andere Räume zulassen? Das deutsche Wort ist ein Schaufenster, darin sind Stoffe, die immer wieder gewoben werden. Vielleicht wäre ich ein Bandoneon-Spieler geworden, Pugliese, Piazzolla, und Sie würden jetzt meinen Tango tanzen. Im Gegensatz zu meiner Tochter Matilda träumte ich nicht vom Beruf des Schriftstellers. Meine Mutter wünschte sich einen Arzt, weil sie häufig krank war. Ich wusste nicht, dass es den Beruf des Schriftstellers gibt. Wir besassen keine Bücher. Wer schreiben will, muss zuerst lesen und auf Bücher stossen, die ihm nicht nur eine Geschichte erzählen, sondern ihm auf jeder Seite sagen: »Setz dich hin und schreib.« Nicht immer stellt sich Sprache ein, so wie man sie möchte. In meinem letzten Buch »Liebe im Klimawandel. Ein Protokoll« war das Lesen stärker als mein Schreiben. Die Bücher, welche die beiden Protagonisten verbrennen, um zu überleben, waren wunderbare Gäste aus dem Morgenland der Literatur. Sie brachten viele Sätze. Schreib, schreib, sangen diese. Wie Odysseus musste ich mich an meinen Stuhl fesseln, um nicht in einem dieser Bücher unterzugehen. Ein Protokoll entstand. Deutsche Sätze wie Steine in einem ausgetrockneten kalabresischen Flussbett.

Der Fremde ist ja ursprünglich der »Fortseiende«. Diese Bedeutung stimmt genau mit dem Zustand des Fremden überein. Da und weg. Wo ein Weg ist, da bin ich weg.

Mannschaft der Gäste

Zum ersten Mal in der Fussballgeschichte des Landes wird die Schweiz Weltmeister mit einer U-17 Mannschaft, die verschiedenste Ursprünge hat. Fremde, Gäste und Gastgeber. Jeder Einzelne kann sich selbst bleiben und gehört zur Mannschaft.

Gemeinsam haben sie ein Ziel. Untereinander und miteinander sprechen sie verschiedene Sprachen und verstehen sich. Sie sind im Sprachgebrauch flexibel und pragmatisch. Eine Studie des Schweizerischen Nationalfonds »Sprachenvielfalt und Sprachkompetenz in der Schweiz« untersuchte 2006 drei Trainingslager. Dort nannte die Mehrheit der Spieler Deutsch als primäre Sprache, für sechs war es Französisch, für drei Italienisch. Deren sieben sprachen auch fliessend Italienisch, Serbisch oder Albanisch. Dennoch entstand kein Sprachenwirrwarr. Laut Forschern hat sich ein Code aus Wörtern diverser Sprachen entwickelt, dank dem auf dem Platz direkte und schnell verständliche Kommunikation möglich ist. In solchen konkreten Situationen sieht man, wie die Fremdenfeinde nicht, wie sie immer behaupten, für ihr Land kämpfen, sondern nur für ihren Hass, für ihre Angst vor der Biodiversität und für ihren kalt berechnenden Nutzen: nämlich Wähleranteile zu gewinnen. Menschen aus verschiedenen Ländern können Grosses leisten, wenn ihnen der magische Ort gegeben wird, in welchem es nicht darauf ankommt, wer Gast und wer Gastgeber ist. Ich hoffe, ich langweile Sie nicht mit dieser sich wiederholenden Behauptung, sie scheint mir zentral. Wenn ich nicht irre, leben gewisse multinationale Firmen nach dieser Einsicht, sie kreieren Orte, in welchen die verschiedenen Mitarbeiter aus allen Ländern sich begegnen können, das alte Büro mit den Grenzen hat ausgedient.

Das Land, in welches ich ausgewandert bin, will, so sind die Abstimmungsresultate zu lesen, Fremde, die sich ihrer Fremdheit entledigen. Sie sollen sich verschweizern: Haltung, Sprache und Gesten der Einheimischen übernehmen, wenn sie ein -ic im Namen haben, dann dieses wenigstens mit -tsch schreiben. Sich verleugnen oder um es mit Chamisso zu denken: sie sollen ihren Schatten verkaufen.

Die Fahne

Folgende Geschichte wurde mir bei meinen Lesungen in Tirana erzählt: Ein Albaner, so glücklich endlich in Italien zu sein, kauft eine riesige italienische Fahne. Es ist das Jahr 1991, das Jahr der mit Menschen überfüllten Schiffen im Hafen von Bari. Stolz braucht er diese Fahne als Decke. Er will damit zeigen, wie verbunden er seinem Gastland ist. Schliesslich hatte er lange davon geträumt und geglaubt, Italien sei eine Dauer-Show wie in den Sendungen, die er schon in Albanien empfangen konnte. Sein Glück war von kurzer Dauer. Er wurde wegen Beleidigung der Nationalfahne denunziert.

Ich fahre jeden Sonntag zu meinem Vater. Von seinen achtzig Jahren hat er sechzig in der Schweiz verbracht. Meine Kinder finden, er mache den besten Tomatensugo im Land. Da er fast nichts mehr hört, ist er noch fremder, noch einsamer geworden. Er sagt, er warte auf die letzte, ganz fremde Begegnung, die mit dem Tod. Unter ihm lebt eine italienische Familie, die eine Fahne kreiert hat, die halb schweizerisch und halb italienisch ist. Sie hängt an den jeweiligen Nationalfeiertagen vor ihrer Wohnungstüre. Ist da Integration oder Beleidigung oder etwas Drittes und Neues zu sehen?

Die Frage nach dem Fremdsein geht zu unserem Ursprung. Sind wir von Gott nach seinem Ebenbild geschaffen, bleibt die Frage: Wie waren wir vorher? Welche waren unsere Züge?

Das Kleinkind, das dem Vater oder der Mutter ähnlich sieht, wie war es vorher, und ist es so geworden, weil es ständig auf die Gesichter der Eltern geschaut hat? Hat sich sein Gesicht als Nachahmung gebildet?

Edmond Jabès hat für den Zustand des Fremden das Wort étran-je geprägt. Wunderbar! Fremd und ich in einem Wort.

Etran-je. Das Wortspiel könnte noch weiter gehen: être ange. Engel sein. Der Fremde als ein Engel. Fürchtet euch nicht …

> Es erkennt sich der als Fremder (…), der sich – und uns – in seiner gehegten und gepflegten Verschiedenheit auf das Kommen des »ich« vorbereitet.[19]

Die Angst vor dem Fremden ist die Angst vor dem Leben und dem Tod. Der Fremde erinnert uns daran, dass wir hier nur zu Gast sind. Er zeugt von der Fraglichkeit jeder Verwurzelung, um es mit Jabès zu sagen.

Fffff, ssss. Das »Thema« von Schumann in Es-Dur.

Wie angenehm sind Ideologien. Sie setzen uns eine Maske auf, und wir sagen »das bin ich«. Ideologien geben uns vielleicht ein ich, aber sicher kein »selbst«. Auf Ideologien verfällt, wer seine Fremdheit nicht zulässt, wer sich ihr nicht stellen kann oder will. In der Schweiz gibt es eine Partei, die von eingebürgerten Fremden gegründet wurde, sie heisst »Neue Heimat« und ist nationalistisch geprägt. Eine Erinnerung taucht auf, die Erinnerung an die konvertierten Christen, die von den Osmanen als Krieger gegen das Christentum gebraucht wurden.

Gast in der Sprache

Im Kopf das Hämmern des Klaviers von Schumann. Im Körper die Lieder von Schubert. Ein Text. Fremd bin ich eingezogen, fremd ziehe ich wieder aus. Das ist meine Romantik. Ein Schreiben zwischen Lied und Leid.

Ich nenne mich nicht Schriftsteller. Ich fühle mich auch nicht so. Wie fühlt sich ein Schriftsteller? Ich war bis Mai 2010 Präsident der Autorinnen und Autoren der Schweiz. Ich habe für die Rechte von Schreibenden gekämpft, habe Lobbying betrieben, aber das gesuchte Gefühl hat sich nicht eingestellt. Mein Schriftstellerkollege Kurt Marti schreibt immer gross über meine Adresse die Berufsbezeichnung. Das schmeichelt, hilft aber nicht weiter. Die Gründe kenne ich nicht. Vielleicht weil ich wenig schreibe, und das Wenige auch noch kurz ist. Vielleicht weil ich viel Zeit ohne Schreiben verbringe, die meiste Zeit. Ein Kritiker hat mich mit der Aussage, dass man dann am meisten Schriftsteller sei, wenn man nicht schreibe, trösten wollen. Beim Schreiben ahne ich mein »ich selbst« – mir gefällt die französische Absicherung moi-même – das Buch hingegen verbannt mich, ist nicht mehr von mir. In der Entfernung vom Schreiben spüre ich die intensivste Nähe, möchte für immer so bleiben, mich sehnen, die Begierde erhalten.

Das Schreiben benötigt den richtigen Augenblick. Schreibe ich zu früh, weil ich glaube, ich sollte mir wieder mal beweisen, dass ich den gewählten Beruf habe, oder schreibe ich zu spät, weil ich mich fürchte, es immer wieder hinausschiebe, habe ich kaum die Kraft auf die richtige Höhe zu gelangen. Es kommt zur Katastrophe. Roland Barthes hat diese Situation in seinen »Fragmente einer Sprache der Liebe«[20] beschrieben. Das Projekt wird zur Sackgasse, zur Falle. Wählt man den richtigen Zeitpunkt, wird die »Sprache eine Haut«. »Ich reibe die Sprache an einer anderen (…) Meine Sprache zittert vor Begierde«, so Barthes.

Es gibt also keine Wurzeln in meinem Schreiben. Ich ist ewiger Gast darin. Bei jedem leeren Blatt anklopfen, das Schreiben neu entdecken. Das schon Geschriebene hilft nur, weil es mir sagt, ich sei schon einmal da oder dort gewesen. Es ist das Wort für Wort, das sich einstellen muss. Mein Grossvater drückte dies folgendermassen aus: »Du glaubst jeden einzelnen Olivenbaum zu kennen, aber du weisst nie, hinter welchem sich eine Viper versteckt, du weisst nicht einmal, ob sie nächstes Jahr Früchte tragen.« Vipera in scriptura. Vipera in fabula. Durch meine schreibende Hand, durch die Langsamkeit der Bewegungen auf dem Blatt stellen sich Wörter ein. Manchmal kann man sie nicht packen, greifen, begreifen. Wie eine Tigerin auf der Lauer sein. Die Wörter werden wieder mal vorbei kommen.

Ist es wirklich so? Ich kann nur Zweifel anbieten. Ist nicht jedes Handeln unvollständig und unvollkommen? Solange wir den Text nur träumen und nicht versuchen ihn zu sprechen oder zu schreiben, ist er vollkommen. Der geträumte Text ist ein Anderer. Der von mir geschriebene Text entspricht meinem Können. »… man schreibt nicht, was man schreiben möchte, sondern was man zu schreiben fähig ist«, sagt Borges in seiner Vorlesung »Eines Dichters Credo«.[21]

Die Tatsache, dass ich einige Bücher veröffentlich habe, gibt mir aber eine andere Sicherheit, es ist vielmehr eine Gewissheit, die Gewissheit, dass ich eines Tages die Tür zu einem Gedicht, zu einer Erzählung finden werde. Zu einem Ort, der zu mir spricht, den ich verstehe und der mich als Gast aufnimmt und mir zu schreiben befiehlt.

Der italienische Schriftsteller Giorgio Manganelli sagte, alle Romane seien schon da und sie suchten sich eine besonders hilflose Gestalt, um ihr das »schreib mich!« zu befehlen. In einem fiktiven Interview erklärt Eugenio Montale, der Autor sei so etwas wie ein ausführendes Organ und er lasse sich den Text diktieren. Sind wir der Gast des schon Geschriebenen? Jedes Mal, wenn meine Grossmutter den Tisch deckte, war ein Gedeck zuviel. Man weiss nie, ob nicht noch jemand kommt, ein Verwandter, ein Freund, ein Gast, der noch Hunger hat, sagte sie. Müsste man bereit sein für das Buch, das kommen will, das Hunger hat, sich setzen will und geschrieben werden will? Bereit wie der Tisch meiner Grossmutter? Manchmal stelle ich mir vor, wie ich zu Bett gehe und am Morgen liegt mein Hauptwerk neben mir. Tausend Seiten in einer schönen und starken Sprache. In einer Sprache, die dem Leser nicht einfaches Kino anbietet, die ihn einlädt mitzudenken und mitzuschreiben. Darin würde die Geschichte einer Familie erzählt, die nach der Emigration immer mehr verschwindet. Es werden keine Kinder gezeugt. Warum auch? Jegliche Bindung zu einem Ort, zu einem Leben hat sich aufgelöst. Es bleibt nur noch der Transit. Diese Vorstellung ist eine Paradoxie, wie jene, in der man sich vorstellt ins Bett zu gehen und dann am Morgen als Toter aufzustehen.

Jung hat gesagt, dass sich die letzten Wahrheiten nur in Paradoxien festhalten liessen.

In Santa Sofia d'Epiro wird erzählt, dass jemand die Statue des Heiligen Thanasi – er ist der Schutzpatron des Dorfes – gestohlen hatte. Je mehr sich der Dieb vom Dorfe entfernte, umso schwerer wurde die Statue, bis sie so schwer wurde, dass er sie nicht mehr tragen konnte. Da wusste der Dieb, dass er den Heiligen zurückbringen musste. Und siehe da, man sagt hier siehe da, kaum hatte er den Gedanken zu Ende gedacht, wurde die Statue leicht wie eine Feder. Im Dorf wurde der Dieb wie ein Held gefeiert. Er war der verlorene Sohn. Man gab ihm eine Wohnung und er blieb da, bis er starb. Bei jedem Fest, jeder Prozession trug er ganz allein die Statue.

Um zum Anfang zurück zu kehren. In dieser Geschichte wird das Bild des Gastes erzählt, von dem Edmond Jabès träumt. Wir verstehen seine Tat nicht, seine Sprache nicht, aber wir lassen ihn Gast sein, ohne ihn unterordnen zu wollen. Wir geben ihm eine Aufgabe. Er wird mit uns an der Geschichte weiterschreiben.

Das ist eine ganz andere Ausgangslage als diejenige der europäische Volksparteien, die eben den Gast ausschaffen wollen, sobald er einen Fehler macht, und zwar sofort ohne wenn und aber. Ohne das Recht zur Verteidigung. Schade bin ich nicht mit der gerechten Wut eines Meienbergs bestückt, schade, dass ich eher eine zurückhaltende Person bin. In solchen Situationen möchte ich einen ureinheimischen Namen haben: Ich ein Anderer, ich Franz Michel. Franz Michel und die Ira, der Zorn. Franz Zorn, ich.

DRITTE VORLESUNG

20. Januar 2011

PRÄTEXT

In der Dresdener Dreikönigskirche ist die Orgel in eine himmlische Akustik gepackt. Der herausgeschnittene Altar hängt unwirklich und ist ein Altar aus dem Barock. Im Ohr noch den Satz von Erich Kästner. »Ich setze mich sehr gerne zwischen zwei Stühle. Ich säge an dem Ast, auf dem wir sitzen.« Anja Zimmermann, die mich begleitende Studentin, hat mich in sein Minimuseum geführt, ein fliegendes Klassenzimmer, und sich als Engel verkleidet. Sie bringt mich durch die Neustadt in ein amerikanisches Café, wo eine Box Laurie Anderson spielt.

She said: What is history?

And he said: History is an Angel being blown backwards into the future.

Irrende Resonanzen

Als ich für den Komponisten Ingomar Grünauer den Text »Winterreise« schrieb (der schon besetzte Titel wurde gewählt, weil die damaligen IMF und heutigen Lucerne Festival als Thema Zitat eines anderen Stückes hatten), fragte ich mich, wie die Geschichte des Freitodes von Walter Benjamin in Port Bou an der Grenze zwischen Frankreich und Spanien auf der Opernbühne aussehen könnte. Ich weiss noch genau, wie mir die Lösung zufiel: Bei einem Spaziergang mit Grünauer im Taunusgebiet kamen wir an eine Waldlichtung. Da wusste ich, so hat die Waldlichtung ausgesehen, in welcher Walter Benjamin zum ersten Mal in seinem Leben draussen übernachtete, um auf Lisa Fittko, die mit einer Gruppe Flüchtlinge am nächsten Tag eintreffen sollte, zu warten.

»Mein Entschluss ist unwiderruflich«, sagt er mir auf das noch weisse Blatt und etwas später, als sich Lisa Fittko geschlagen gibt: »Bin ich mit der Nacht, der Kälte und dem Hunger beschäftigt, denke ich nicht an meine Verfolger – auch das ist Methode.«[22]

Die Bühne eine Waldlichtung. Monster, Gespinste, Geister, Erinnerungen würden sich an diesem magischen Ort treffen, aber auch die Ahnung vom nahenden Tod. Wir hören, wie die Dinge, die Geschehnisse »im Bezirk der Sprache in enger Nachbarschaft« sich versammeln und ordnen (Claude Simon). Die Worte sollten es sein. Ihr Leuchten, ihre Explosionen, ihr Rauch. Nur so zeigen sie uns unvermutete Resonanzen und Echos. Die Geschichte sollte aus dem Feuerwerk der Benjaminschen Worte entstehen. Ein intellektueller Held, schwer zu spielen, schwer zu singen. In der deutschen Erstinszenierung in Wiesbaden kam es zum Stimmverlust des Tenors. Stille.

Und wieder die »Winterreise« von Schubert. P – fff – ppp – ppppp – fff in meinem Herzen, bei Luigi Nono gelesen und auch »suoni erranti nello spazio vero strumento componente sempre più in attesa« irrende Klänge im wirklich instrumentierten Raum, Komponente immer mehr in Wartestellung. In Wartestellung war Benjamin, als er von Lisa Fittko und ihrer Gruppe gefunden wurde, ein wenig verwirrt, aber heldenhaft die Nacht für den letzten Tag überlebt.

Damit der Text für ein solches Vorhaben sich einstellt, braucht es Vertrauen. Das Vertrauen in die Musik von Grünauer. Ich gab ihm Material, wir haben viel miteinander gesprochen. Eine Freundschaft. Grünauer hat mir einen anderen Benjamin gezeigt, sensibel, verletzlich und altmodisch förmlich.

Radio hören

Man mag annehmen, ich sei prädestiniert wegen meines italienischen Namens Opernlibretti zu schreiben, aber ich muss gestehen, nie hätte ich gedacht, ich würde eines Tages für eine so bürgerliche Institution schreiben wie die Oper. Es war ein Zufall nach bester Manier. Das längst Fällige, das zufällt (Max Frisch). Der damalige Dramaturg des Luzerner Theaters, Toni

Krein, las auf der Zugfahrt nach Wien »Das Lachen der Schafe«. Wie er mir später gestand, hatte er geglaubt, es sei ein Buch wie das »Schweigen der Lämmer«, deswegen habe er es kurz vor der Abfahrt in der Buchhandlung am Bahnhof gekauft.

Das Schweigen der Lämmer.

Das Lachen der Schafe. Ein Film in meinem Kopf. Rossellini.

Das Buch habe in ihm die Vision einer Oper ausgelöst. Eine Emigrantin auf der Bühne, während das Land 700 Jahre Eidgenossenschaft feierte. Zu jener Zeit lebte ich nur vom Schreiben, und als der Intendant Horst Statkus mich fragte, ob ich nicht aus dem Buch ein Libretto machen wolle, musste ich fast ja sagen, denn ich hatte all mein Geld aufgebraucht und es war kein neues in Sicht. Der Geldmangel hat mich zum Librettisten gemacht. Ich bereue es in keiner Weise, im Gegenteil, Krein und Statkus waren Engel mit dem Auftrag mich zu retten. Als ich während der Proben realisierte, wie wenig man vom Text verstand, wurde ich glücklich, denn vor meinen Augen entstand ein neuer Text, der die Wurzeln in meinem Text hatte. Ich wurde an meine ersten Radioerlebnisse erinnert. An die geheimnisvollen Namen der Suchstationen. Erivan, Kairo, New York, Moskau, New Delhi, Beromünster. An die unverständlichen Sprachfetzen, an die Suchtöne, die aus der Unendlichkeit zu kommen schienen. Stimmen der Engel. An Wörter, die man plötzlich verstand und die sich in den Raum der Wirklichkeit drängten. An Lieder, die sich in die Brust bohrten. Kopfreisen. Tausend und eine Nacht. Die Welt als Ton, als Welle.

Was in der heutigen Oper zum Publikum kommt, sind Sprachfetzen, Laute, Wörter.

Beim Schreiben für Musiktheater suche ich nach diesem bestimmten Radiogefühl meiner Kindheit. Da ist ein Raum, der das Schreiben in Gang setzt. Da entstehen die Wege, die mich an Orte und Plätze führen, die manchmal so erscheinen, als würde ich sie kennen: Santa Sofia d'Epiro. Port Bou, Venedig. Manchmal führen sie mich dorthin, wo ich die Reise angefangen habe.

Es Dur, im Wort
Und wieder und wieder die Winterreise
P fff ppp ffff
Und Luigi Nono, der Meister der Stille. Immer wieder unendlich still seine Stille auflösend.

Wenn ich für Musik schreibe, möchte ich, dass meine Wörter direkt in den Körper des Hörenden gelangen, wie die Musik. Ich möchte, dass sie erst dann verstanden werden müssen, wenn sie den Körper bewegt haben. Kleine Radiostationen überall. Die Sprache muss keine Argumente liefern, sie muss anders überzeugen. Sie soll andeuten, tönen, schlagen. Es entsteht die Gastlichkeit in unserer Vorstellung, in unserem Körper. Es ist ein »fast als wollte man sprechen«, aber man tut es nicht. Quasi parlando. Denn der Text soll am Anfang nur Semantik, nur Ordnung und keine Bedeutung sein.

Die Möglichkeit, das Wort von seiner Funktion als Inhaltsträger zu befreien; auf andere Worte treffen und aufschlagen zu lassen. Der Komponist soll meine Worte angreifen. Oder in die Stille zwischen einem Wort und einem anderen komponieren.

Ich möchte mit ganz wenigen Strichen Figuren erschaffen, die zu uns kommen, leben und sterben. Paolo und Francesca bei Dante Alighieri.

Der Tod meiner Mutter

Programmhefte
Lamento
Monteverdi
In Prag 2004

Ganz nach dem Stil der Barockoper soll der Text da stehen. Prima la parola. Meine Stimme im Computer des Komponisten. Lesen in ein Mikrophon in einem Studio nahe beim Fernsehturm. Ein rauchender Techniker, der schön gebrochen Englisch spricht. Ein Studio wie eine Erinnerung. Radiostationen der Kindheit. Mein Libretto ist ein langes Gedicht. Gedichtet als heutige Möglichkeit des Klageliedes Lamento di Ariadne. Ich habe meine Variation des Textes angeboten. Liebe, Tod und Fremde bleiben als Thema. Lasciatemi morir.

Wunderbare Musik von Monteverdi. Wie er die Stimme komponiert, als habe er himmlische Töne gehört. Monteverdi der Erfinder des »dramma per musica«.

Es gibt in der Oper, im Musiktheater viele fortschrittliche Elemente. Die Oper ist ein totales Schauspiel. Sie zielt auf eine Anzahl von Sinnen und Lüsten. Dazu gehört auch die Lust des Publikums, sich selbst zu geniessen – ich erinnere mich gut, wie Pavel Kohout mich in den Hintern getreten hat, es bringe Glück, hat er gesagt, es sei eine Prager Usanz. Eine Totalität, die immer wieder gesucht wird vom Theater der Antike bis zum heutigen Pop-/Rap-Konzert. Die Oper kann Avantgarde-Verfahren ertragen. Alles ist möglich.

Das Projekt »Lamenti« in Prag entstand aus einem Zufall, einer Begegnung mit dem jungen Regisseur Jiří Heřman anlässlich einer Lesung, die ich im dortigen Goethe-Institut hatte. Jiří kam zu mir und gestand in schönem Italienisch, er habe nichts verstanden, er könne kein Deutsch, ihm habe aber der Ton der Sprache gefallen. Der Ton. Da ist ein Ton. In jenem Augenblick wussten wir beide, dass diese Begegnung schon erzählt worden war, unsere Aufgabe war nun richtig hinzuhören und sie Wirklichkeit werden zu lassen. Was uns vorschwebte, war Monteverdis Zugang zur Beziehung von Wort und Musik mit unseren Mitteln anzureichern. Wort, Musik, Raum und Licht. Ich weiss noch, wie wir es für das Festivalheft in einer wichtigen Sprache formulierten:

Das Projekt sucht die Beziehung zwischen Wort, Musik und Raum und soll ein intimes musikalisch-dichterisches Werk schaffen, dessen poetische Form ein Theater der Kontemplation zum Thema Emigration und Identitätsverlust des Menschen vorführt und gleichzeitig ein Bild der Befreiung von künstlich geschaffenen inneren und äusseren Grenzen in dieser Welt darstellt. Das Projekt Lamenti überschreitet die Grenzen des Theaterraumes, sein untrennbarer Bestandteil ist das Vordringen in den authentischen Raum durch Fotografie, Film und Schrift.

Authentisch. Welch ein Wort. Authentisch war unser Gastmahl. Ein Sprachengewirr. Ein Tisch zu Babel. Tanja Lángasková, die uns produzierte, Michal Nejtek, der die musikalische Antwort auf Monteverdi gab, Jiří Heřman, die Sängerinnen und der Schauspieler, der das »Ich« des Dichters spielte. Tschechisch, Italienisch, Deutsch und Englisch, fast wie die Zutaten des Mahls gekauft bei den Asiaten oder bei den Italiener spielenden Kroaten der Wein ein Müller Thurgau. Das Paradies für den Fremden. Gast und Gastgeber zugleich. Eine Zeit im Transit, den Zustand, den ich am meisten schätze, weil da keine Melancholie aufkommt, alles ist in Bewegung. Herz und Schmetterling sollen im Griechischen den gleichen Ursprung haben. Meine Urvorfahren stammen aus Epiros, sie haben diesen Schmetterling mitgenommen. Schreiben für Musik ist ein Gastmahl. Ich schreibe Wörter für einen Anderen, dieser schenkt mir Musik. Wir bekochen uns gegenseitig. Mit der Materialität der Mittel arbeiten. Töne, Wörter, Gemüse, Zutaten. Um daraus einen Ausdruck zu bekommen. Die Materialität respektieren. Ton der Steine, der Wörter, der Pflanzen.

Immer wieder das Weggehen.

Grünauer komponiert für die Expo 2000. Er denkt in Tönen, in musikalischen Farben, er sieht eine Stadt wie Venedig. Immer wieder das Weggehen. Diesmal Carlo Goldoni, der Theaterautor, der den Menschen auf den Mund schaute, der das italienische Theater reformierte, auch die Opera Buffa. Er muss seine geliebte Stadt verlassen, um nach Paris zu gehen. Dort wird ihn nach einigen guten Jahren die französische Revolution des Einkommens berauben, verarmt und blind holt ihn der Tod. Seine Mémoires auf Französisch geschrieben in einer fremden Sprache. Ich besuche Venedig, versuche sie mit den Augen des Dichters Brodsky zu sehen. Es gelingt mir nicht, ich bleibe ein einfacher Tourist. Im Hotelzimmer sehe ich Goldoni, wie er packt und wie ihn seine Schauspieler noch einmal besuchen, ihm noch einmal seine Stücke vorspielen, er hat ihnen ja die Wörter geschenkt.

Die Trilogie der Sommerfrische wird zur Trilogie des Abschieds. Auf nach Paris!

Francesco Micieli entwickelte das Libretto für die kammermusikalisch besetzte Oper »Trilogie der Sommerfrische« aus Carlo Goldonis berühmtem Schauspiel »Trilogia della villegiatura«. Micieli folgt der Vorlage Goldonis, indem er ein Bürgertum schildert, das sich in narzisstischer Spiegelung um die Verwirklichung seines Selbst sorgt. In der Voraussicht auf Anton Tschechows Dramen »Der Kirschgarten« und »Drei Schwestern« wird in der scheinbaren Ferne der zitierten Zeit das Bild einer gegenwärtigen, vom Hedonismus geprägten Gesellschaft sichtbar. Die von emotionaler Kraft und innerem Aufbruch bestimmte Begegnung einer auf dem Lande verweilenden Gruppe von Menschen endet im Sieg der Konvention. Was bleibt, ist die Melancholie und Ernüchterung einer politisch desinteressierten, daher unmündigen Amüsiergesellschaft. Die katastrophale Bitternis als Fazit eines Abenteuers in der Sommerfrische hat der österreichische Komponist Ingomar Grünauer als Spiel mit Fassade und Subtext umgesetzt, in welchem das Primat der Stimmen szenisch polyphon realisiert wurde.

Anton Tschechow ein anderer Gast am Tisch meines Schreibens. Einer, der wie Goldoni den Weg eines neuen Theaters gesucht und auch gezeigt hat. Zuschauer und Kritiker – sie sind ja die Priester des Durchschnitts – haben ihn anfänglich kaum verstanden. Tschechow der erste Autor der Unterströmungen und Andeutungen. Wenn man Goldoni mit dem Wissen um Tschechow liest, wird die »Trilogia della villeggiatura« wie eine Tür, die von einem Zeitalter ins andere führt. Eine Ahnung. Ein Ton, lang angehalten.

»Ich träume von einer Oper, die ebenso frei und volkstümlich wäre wie ein Kino- oder Catchersaal«,[23] sagt Roland Barthes. Ein Kommen und Gehen, nach Lust und Laune. Man würde eine Oper »Aufnahme« herausschneiden, meint Barthes. So war es am Hof. So war es auch in Venedig für die reichen Kaufleute. Ein derartiges Opernerlebnis schwebte mir für die Trilogia vor. Ich träumte von einer Loge in der Oper und »einer Eintrittskarte zu drei Francs, wie für ein volkstümliches

Kino«, wie Barthes. Goldoni erhielt im Stück die Loge. Das war alles, was ich tun konnte.

Literarische Ränge

»Ein Blümlein, das am Fusse der Mauer der grossen Gattung dahinkümmert« – so beschreibt Peter Hacks in seinem »Versuch über das Libretto« eben das Libretto, und die grosse Gattung wäre demnach die Oper. Ist der Librettist ein Schriftsteller, der in einem unbestimmten Zwischenbereich wirkt, wo die Musik noch nicht begonnen, die Literatur aber aufgehört hat? Ich muss gestehen für mein Arbeiten an den Libretti waren solche Fragen irrelevant. Ich hätte im Grunde Lust mit Wittgenstein zu antworten; »Es ist mir durchaus nicht klar, dass ich eine Fortsetzung meiner Arbeit durch andere mehr wünsche, als eine Veränderung der Lebensweise, die alle diese Fragen überflüssig macht.« Mich interessierte nur die Arbeit mit Sprache, die wie ich eingangs gesagt habe, zu Musik werden soll. Die Wörter aufgebrochen, auseinandergenommen, verlangsamt oder ganz einfach so verwendet, wie ich sie aufgeschrieben habe. Die Wörter als Teil des Raums, der da sich auftut, ein Teil wie die Musik, das Licht, die Körper der Sänger, die Stimmen. Wie ich am Lamenti-Projekt in Prag gearbeitet habe, entspricht meiner Vision des Schreibens für Musik. Hier entsteht der Tisch für das Gastmahl. Jeder gibt seine Räume dazu und so entsteht ein Universum aus vielen. Mein Lamento gesprochen und repetitiv wiedergegeben, eine Schlaufe, der Text in der tschechischen Übersetzung auf Leinwänden wie ein Teil des Bühnenbildes. Eine Idee, die Aufführungen in Europa und Südamerika möglich gemacht hat. Der Text immer da in der Sprache des Publikums, als Sprache und Bild des zu entstehenden Raumes.

Als Librettist gehe ich immer vom gleichzeitigen Dasein und Verschwinden der Wörter aus. Da und weg. Ist wie der Zustand des Fremden. Wenn ich davon ausgehe, dass die Texte, die ich schreibe, schon da sind – ich muss nur genau hinhören, dann werden sie mir erzählt – stelle ich mir vor, meine Texte für Musik seien so geartet, dass sie Ton werden wollen. Wie beim Jazz verlangen sie immer wieder neu improvisiert zu werden. Sie sind nicht stabil, nicht festgelegt. Es ist das »und«, die Grenze zwischen zwei Sachen. Vielleicht sind sie noch gar nicht erst wirklich Sprachen geworden, oder kaum sind sie es geworden, wollen sie in ihren Ursprung zurück. Da wo Marina Zwetajeva den lautlosen Sang hörte. Vor dem Turm zu Babel und vor dem ersten Satz der Menschheit. Wie man die Töne des Urknalls hören kann. Texte für Musik sind das und zwischen Sprache und Musik. Die Bereicherung findet an der Berührungslinie statt. Die Grenze ist das wirklich Spannende. Alles kommt da vor: Minen, elektrische Zäune oder eben einfach leere Gebäude, seltene Pflanzen, Blumen, Wunderkräuter. In den Systemen sind kaum noch Entdeckungen möglich, aber zwischen ihnen schon. Der Ort, wo alle fremd sind. Oder um es mit der genauen Heiterkeit des Dresdner Dichters Thomas Rosenlöcher zu sagen: »Erst nach dem Zusammenbruch sah der Systemimmanente seine Systemimmanenz.« »Zuletzt nur noch ich hier. Doch auch ich ein anderer, der mir kopfschüttelnd den Whisky wegtrinkt.«[24]

Das Dazwischen ist der utopische Ort, wo wir alle fremd sind.

VIERTE VORLESUNG
25. Januar 2011

PRÄTEXT

Wenn ich Ihnen sage, dass ich mich auf das Wiederkommen nach Dresden gefreut habe, dass ich die Stadt schon nach ein paar Tagen vermisst habe, denken Sie vielleicht, dass italienischstämmige Autoren gerne Komplimente machen, und wenn ich Ihnen sage, dass ich, obwohl man überall Bilder des Selbstmordattentates in Moskau sah, mich sicher fühlte, denn auf mich würde die Studentin Kathrin Schunke warten, ihr blondes Haar würde im Durchzug der Türen in der »Waiting Hall« mir den Weg weisen, denken Sie, es sei typisch, wie ich übertreibe. Ich habe mich auf Euch gefreut.

> Fotoalben, Briefmarken, Rezepte – nichts
> nichts davon hat in die Taschen gepasst
> auch nicht der Lieblingsmantel

schrieb der Dichter Michael Ernst als Reaktion auf den ersten Vorlesungsabend in seinem Text »Arlecchino am Zaune«.

Nichts hat in die Taschen gepasst. Und ich habe mich auf eine Zigarette mit Axel Helbig gefreut und auf das Venedig von Michael G. Fritz, der heute mich beim Gespräch begleiten wird.

AUTOBIOGRAPHISCHES SCHREIBEN

Ich sehe, als wäre es hier und jetzt, in diesem Moment, wo ich vor Ihnen stehe und etwas ganz wichtiges zum Thema sagen möchte und doch weiss, dass alles schon gesagt wurde – Ich habe immer wieder das unangenehme Gefühl, eines Tages als Hochstapler entlarvt zu werden – ich sehe meinen Grosssvater auf dem Esel weggehen, es ist ganz früh am Morgen, die Sonne ist noch nicht zu sehen, und ich weiss, dass er gegen Abend kurz vor dem Eindunkeln zurückkommen wird. Und ich freue mich schon darauf, denn er wird mir die wahnsinnigsten Geschichten erzählen. Wie er gegen den Wolf gekämpft und ihm das Kaninchen, das wir nun essen, aus dem Mund geraubt und wie er die Viper unter dem Olivenbaum getötet hat. Wie er in Richtung Jonisches Meer geschaut und wie er die Stimme von Skanderbeg gehört habe, die ihm sagte »Kämpfe weiter, Angelo, kämpfe weiter!« Und da! Sei ihm kurz vor der Kapelle des Heiligen Athanasios der Teufel erschienen und er habe kämpfen müssen. Mein Grossvater konnte nicht schreiben, aber er konnte erzählen. Sein täglicher Weg zum Stück Land, welches er bewirtschaftete, war eine abenteuerliche Reise, vor welcher er nie wusste, ob er den Weg zurückfinden würde. Und einmal wartete ich vergebens. Einen Tag, zwei Tage, drei. Bis eines Tages Mario mit den Armen durch den

Platz schwimmend auf uns zukam. Er hatte Grossvater im Waldstück neben seinem Land gefunden, er soll wie ein Held ausgesehen haben, der Esel sei ganz still neben ihm gestanden.

Unser Leben ist im Grunde eine Heimkehr. Borges sagt:

> Wenn wir die Odyssee lesen, haben wir hier die Idee der Heimkehr. Die Idee, dass wir verbannt sind, dass unsere wahre Heimat in der Vergangenheit liegt oder im Himmel oder sonst wo, dass wir nie zu Hause sind.[25]

Mein Grossvater war nie zu Hause, obwohl er nie weiter gereist ist, als bis zu seinem Stück Land. Mit dem Esel, jeden Tag.

Eine längere Reise, von der sie nie wirklich zurückkamen, machten meine Eltern mit ihrer Emigration in die Schweiz und einige Jahre später mein Bruder und ich. Mein Bruder ist zurück und ich bin immer noch auf der Reise und finde nicht zurück. Ist mein Bruder wirklich zurück, obwohl er seit über zwanzig Jahren wieder in Kalabrien wohnt? Mit seiner deutschen Frau spricht er Berndeutsch. Sie ist die Fremde, la tedesca. Sie geht kaum aus dem Haus, aber ihr Leben ist eine Odyssee. Eine Heimkehr ohne Bewegung. Sie war für mich eine der Vorlagen für Sofia, die ihren Freund, ihre gut laufende Praxis, ihr normales Leben verlässt, um herauszufinden, weshalb ihre Grossmutter immer dann traurig wurde, wenn sie an den »Exodus« ihrer Vorfahren dachte.

> Niemand kann, ohne zu Tränen gerührt zu sein, in die Häfen Italiens blicken zu diesen Flüchtlingen, die hungrig, schlecht angezogen und ihrer Heimat entrissen an den Meeresküsten die Arme zum Himmel strecken und in einer Sprache, die wir nicht verstehen, weinen und sich beklagen. Ah, wie wunderbar traurig und heutig Papst

> Paulus II. im Jahr 1466 über meine albanischen Vorfahren in einem Augenblick von religiöser Rührung schrieb.[26]

Ich habe mich entschieden diesen Menschen meine Stimme zu geben. Menschen, die sich zufällig in einem Land, einem Ort gefunden haben, weil sie daheim keine Arbeit hatten, oder weil andere Gründe sie dazu getrieben haben, ihre Heimat zu verlassen. Ich denke dieser Entschluss ist aus einer eingeprägten Spur aus jener längst vergangenen Zeit der Flucht entstanden, so als hätte die Emigration meiner Eltern diese Spur wieder zum Vorschein gebracht. Ein Wind über das Jonische Meer. Flüchtlinge, Emigranten, ewige Heimkehrer, mein inneres literarisches Feuer soll sie ein wenig wärmen oder ihnen ein kleines Licht geben. Autobiographisches Schreiben hat für mich mit dieser vorgegebenen Spur zu tun. Die Zeit zwischen Leben und Tod habe ich zur Verfügung, um diese Spur frei zu graben, um sie lesbar zu machen. Ein beträchtlicher Teil meines Ichs ist nicht-schreibend. Es ist dem Schreiben gegenüber feindlich gesinnt. Es will das Schreiben unmöglich machen. Häufig ist es schneller als das schreibende Ich. Dann wirkt mein Text wie neutralisiert. Dem nicht schreibenden Ich ist das Autobiographische egal. Es hindert mich an meinen Ausgrabungen. Ich muss alle Kraft aufwenden, um mich durchzusetzen.

Wenn das schreibende Ich sich durchgesetzt hat, kann es vorkommen, dass es einen scheinbar genialen Einfall, eine wunderbare Wortfolge zu haben glaubt, bis es am Schreibtisch realisieren muss, dass alles verpufft, verschwindet.

Eine andere Schwierigkeit ist, dass die sogenannte Wahrheit ihr Recht einfordert. Sie will sagen, was und wie es wirklich war. Sie hasst die Fiktion, die so tut, als wäre sie wahr, und am meisten hasst sie das Gedicht.

Was schreibst du da, fragt der Vater.
– Erinnerungen.
– Schade, dass ich nicht schreiben kann.
– Du durftest nur zwei Jahre in die Schule.
– Ich würde über diese Rückfahrt schreiben.
– Über diese Rückfahrt?
– Wie das so geht, dass man zu zweit geht in eine grosse Welt, und zu zweit zurückkommt, aber der eine ist nicht mehr, ist irgendwo, in einer Holzkiste, in der Luft.
Sein Gesicht verdunkelt sich, um den Gedanken zu unterstreichen. Es nimmt die Farbe der Hügel an, seine Augen sind Olivenhaine, schauen auf das silberne Meer.
Schreib du doch darüber, sagt er fast befehlend.
Ich? Sage ich.
Ja du, aber lüg nicht wieder soviel wie in den beiden ersten Büchern.
– Du hast sie nicht gelesen.
– Spielt keine Rolle, du hast gelogen, du hast erfunden, nur die Wahrheit zählt.[27]

Mein autobiographisches Schreiben ereignet sich wie in meiner Kindheit vor dem Feuer in der Küche. Nur ein paar sitzen da, soll ich sie »the happy few« nennen? Und die Texte erzählen sich.

> gedicht ist immer ahnenstrecke. Fotostrecke,
> angereichert und,
> ganz klar: gefälscht. Wodurch die ahnenstrecke wahr
> wird erst[28]

So schreibt Thomas Kling. Ihn hätte ich gerne um mein Feuer gehabt. Autobiographisches Schreiben ist immer wieder eine Kampfansage an Konzeptionen der Gegenwart, der

Moderne, es ist eine Spurensuche in die Vergangenheit, die das Heute erst heutig macht. Häufig werde ich von Italienern in der Schweiz angegriffen, weil sie sagen, ich erzähle alte Geschichten. Es sei heute nicht mehr so, wie ich es darstelle, und es sei nicht einmal sicher, dass es früher wirklich so war. Und Einheimische reagieren mit einem »Wir haben euch Italiener immer gemocht.« Meine Bücher sind der Angriff auf ihre Gegenwart.

> Es ist ein aufrichtiges Buch, Leser, es warnt dich schon beim Eintritt, dass ich mir kein anderes Ende vorgesetzt habe als ein häusliches und privates. Ich habe es dem persönlichen Gebrauch meiner Freunde und Angehörigen gewidmet, auf dass sie, wenn sie mich verloren haben, einige Züge meiner Lebensart und meiner Gemütsverfassung wieder finden. Denn ich bin es, den ich darstelle. Meine Fehler wird man hier finden, so wie sie sind, und mein unbefangenes Wesen, so weit es nur die öffentliche Schicklichkeit erlaubt. So bin ich selber, Leser, der einzige Inhalt meines Buches, es ist nicht billig, dass du deine Musse auf einen so eitlen und geringfügigen Gegenstand verwendest. / Mit Gott denn[29]

Meine Bücher sind in erster Linie den Freunden und Angehörigen gewidmet, und wenn es einem meiner Bücher gelingt, einen Leser als Freund zu gewinnen, dann ist vieles erreicht und unser Kreis um das Feuer wird ein wenig grösser. Montaigne hat mir – nebst seinen grossartigen Essays – diese Einsicht mit auf den Weg gegeben.

Es gibt viele Menschen, die nach einer Lesung auch erzählen wollen, sie kaufen ein Buch, lassen es sich signieren, um für ihr Erzählen einen Grund zu haben. In solchen Augenblicken weiss ich, dass ein Buch den Leser ernst nimmt, es hört zu und löst ein Gespräch aus.

Mein erstes Buch »Ich weiss nur, dass mein Vater grosse Hände hat« ist für viele Kinder der Integrationsklassen zu ihrem ersten deutschsprachigen Buch geworden. Bestärkt durch die Tatsache, dass sie ein ganzes Buch gelesen haben, versuchten sie selber zu schreiben. Einige Texte sind in einem Sammelband veröffentlicht worden.

Die ewige Wiederkehr aller Dinge

> Jetzt bin ich im Ausland.
> Es ist Winter.
> Alles ist voll Schnee.
> Ich kann schon ein Wort in der fremden Sprache.
> Salü.[30]

Jede wahre Sprache ist eine unverständliche Sprache. Ich glaube, ich habe den Satz bei Artaud gefunden.

Freunde und Angehörige anderer Art waren bei »Liebe im Klimawandel« beim Schreiben anwesend. Ein Teil meiner Bibliothek, Bücher, die immer wieder Texte auslösen können. Und das Bild des Erzählens um ein Feuer – wichtig: ein Stuhl muss immer frei bleiben, für einen möglichen Gast – hat sich anders ereignet; die Freunde brennen selber, um überlebenswichtige Wärme zu erzeugen. Sie lassen sich zerstören, weil sie wissen, dass ihre Texte in die Körper der beiden letzten Überlebenden eingebrannt sind.

> Frischer gelber Rauch weht mich an. Haffmanns
> Arno Schmidt Ausgabe:
> Noch einmal den Kopf hoch. Wind kommt auf, Wind.[31]

Arno Schmidt wäre auch einzuladen. Weil seine Bücher mir wie Fremdsprache vorkommen und Proust soll gesagt haben: die guten Bücher sind in einer Art Fremdsprache geschrieben. Die Runde der guten Bücher, die bei jedem Öffnen für uns brennen.

Die autobiographische Suche ist bei mir immer mit einer Suche nach Sprache verbunden. Ich denke, noch mehr als das Fremdsein, l'etran-je, das Fremd-Ich, ist die Sprachfindung das zentrale Thema meiner Bücher. Und wenn man wirklich immer nur an einem Buch schreibt, wie Jabès vermutet, ist es bei mir das Buch über die Suche nach Sprache. »Die Grenzen unserer Sprache sind die Grenzen unserer Welt.« Immer wieder das Wittgensteinsche Sprachspiel.

Schreiben wäre also nicht Geschichten erzählen, es wäre ein Zur-Sprache-Kommen. Das mag der Grund sein, weshalb – ich habe dies schon anderswo erwähnt– ich mich nicht als Schriftsteller sehe. Ich bin kein Schriftsteller, jedenfalls nicht so wie zum Beispiel Peter Bichsel Schriftsteller ist. Er sieht aus wie ein Schriftsteller, er bewegt sich so, er spricht so, seine Hände machen die richtigen Bewegungen, er schaut auf das wahre Leben wie ein Schriftsteller auf das wahre Leben schaut. Ich weiss, dass Peter Bichsel gesagt hat, Max Frisch sei ein Schriftsteller und er nicht. Das sind die Stufen, das ist die Treppe, die uns nach oben führt, es braucht alle. Für meine »Commedia« habe ich keinen Vergil gebraucht, eher eine Mutter wie die von Elias Canetti, die mir in einem nahezu gewalttätigen Schnellkurs das Deutsche beibringen würde. Diese Mutter war nicht da, meine Mutter hatte nur halbe Sprachen. Halbe Sprachen für das alltägliche Überleben.

> Diese Sprache ist nicht meine Sprache.
> Es ist des Schreibers Sprache.

> Dieses Buch ist nicht mein Buch.
> Es ist des Schreibers Buch.
> Ich heisse Caterina. Ich habe keine Sprache, nur
> Sprachfetzen.

So beginnt »Das Lachen der Schafe«. Auf diesen Anfang bin ich noch heute stolz, weil er mit einigen, wenigen Sätzen die ganze Vision meines autobiographischen Schreibens wiedergibt. Die Realität ist eine Anreihung an Sprachfetzen, das Schreiben lässt sie Wirklichkeit in Sprache werden.

> Die Gegenstände kann ich nur nennen. Zeichen vertreten sie. Ich kann nur von ihnen sprechen, sie aussprechen kann ich nicht. Ein Satz kann nur sagen, wie ein Ding ist, nicht was es ist.[32]

Anders gesagt heisst das: Wenn es keine Realität der Gegenstände gäbe, wenn unsere Geschichte keine Substanz hätte, wenn es keine feste Form unserer Welt gäbe, dann wäre der Sinn nicht bestimmt, wir hätten keine Möglichkeit uns Bilder von der Welt zu machen, und eine Beschreibung wäre unmöglich. Ich weiss, die Philosophie ist heute weiter als der Tractatus, und auch der späte Wittgenstein glaubte nicht mehr an diese Konzeption. In meiner Welt existiert sie aber noch und treibt mich voran. Ich hänge an seinem »Sehen bis zum Rande der Sprache«, ich hänge am Begriff der Sprache als einem begrenzten Ganzen, an dessen äusseren Rändern Bedingungen liegen. Ich habe das selber erlebt. Santa Sofia war für uns der Rand der Sprache, die Mauern der italienischsprachigen Schule waren es, und später für meine Eltern und mich die Grenze zwischen der Schweiz und Italien.

Ich möchte den Sachen aus der Umgebung meines Lebens das Wort erteilen, denn sie selbst sind ja nicht episch redefreudig. Das ist für mich autobiografisches Schreiben.

Das Leben soll so sehr zu Text werden, dass eine Verwechslung mit der Realität ausgeschlossen werden kann. Erzähltes Leben ist neues Leben, anderes Leben. Es hat so nie statt gefunden.

FÜNFTE VORLESUNG

26. Januar 2011

PRÄTEXT

Das Mitteleuropazentrum ist ein Stockwerk. Da glaubt man den »schwarzen Block« – so nannte Duras die dunkle Materie im Universum – im Herzen Europas zu fühlen. Geraten die Zeiten durcheinander? Wird alles aufgesogen? Schreiben ist immer dazwischen. Zwischen dem schon Geschriebenen und dem noch zu Schreibenden. Wir sitzen an einem Tisch rund um den Block.

Prof. Walter Schmitz leicht fiebrig, Johannes Kleine, Anja Zimmermann, Lukas Schergaut und Helena Palomero. Teetrinkend schauen wir in diese Dunkelheit und wundern uns. Als die Frage nach den Engeln im Text auftaucht, sehen wir einen. Wer hat das Ganze inszeniert? Wir möchten ihn fangen und als Beweis zur letzten Vorlesung mitbringen hierher zur Sächsischen Akademie der Künste. Da war ja auch ein Block. Aber er entwischt uns und flieht ins »Angels – Table dancing« unter den Geleisen. Das Neon färbt unsere verwunderten Gesichter.

LESEND SCHREIBEN/SCHREIBEND LESEN

Was er gelesen habe, sei wichtiger als was er geschrieben habe, sagt Borges in seinen Vorlesungen zur Kunst des Dichtens. Ich möchte diesen Satz gerne mitunterschreiben, wenn es mir erlaubt wird. Ich bin nicht nur in einem Haus ohne Bücher aufgewachsen, ich habe es schon mehrere Male gesagt, sondern auch in einem Haus, in welchem weder geschrieben noch gelesen wurde. Meine Grossmutter konnte beides nicht, meine Eltern wurden nach der zweiten Klasse aus der Grundschule genommen, denn die Familie brauchte die Kinder als Arbeitskräfte.

Wenn meine Grossmutter zu Maria, der Leserin und Schreiberin des Dorfes, ging – sie war mit uns verwandt, worauf ich stolz war – kam ich mir immer wieder vor wie in einem Zirkus. Eine Zauberei: das Gekritzel auf dem Papier wurde gebändigt Zeichen um Zeichen und zu Wörtern geformt, die laut ausgesprochen wurden und einen Sinn ergaben. Der Sinn waren die Grüsse meiner Eltern und dass sie uns ein bisschen Geld geschickt hatten. Viel schwieriger erschien mir die Zirkusnummer mit dem Schreiben. Grossmutter sprach, sagte ganz viel, manchmal auch ein wenig wirr, mit vielen Umwegen. Maria musste die Laute packen und daraus ein Gekritzel machen, eines, das meine Eltern in Wörter umwandeln konnten. »Was hast du geschrieben, lies vor!«, wollte Grossmutter wissen. »Danke für das Geld, uns geht es gut, wir hoffen, dass es euch auch gut geht, bald kommt der Winter, liebe Grüsse«. Ich klatschte jedes Mal. Welch eine Gabe der Zusammenfassung Maria hatte! Sie beherrschte auch eine stille Zirkusnummer. Sie konnte lesen, ohne dass Grossmutter und ich etwas hörten, sie bewegte nicht einmal die Lippen. Die Wörter sprachen direkt zu ihrem Kopf und ihrem Körper – denn manchmal schien es, sie müsse einer Sache ausweichen – sie mussten nicht Laut werden.

Erst Jahre später, in dem Land, in welchem meine Eltern die Briefe lasen, entdeckte ich das gleiche Staunen beim Heiligen Augustinus, als er den Heiligen Ambrosius beim stillen Lesen beobachtete. »Wenn er las, überspannten seine Augen die Seite, und sein Herz erforschte die Bedeutung, aber seine Stimme war stumm, und seine Zunge stand still.« Zu jener Zeit, wie auch bei den Griechen und Römern, war das richtige Lesen ein lautes Lesen. Das Geschriebene sollte Laut werden, denn nur so erhielt der Text Leben. Dann noch einmal das Staunen bei Walter Benjamin in seinem Text »Über Haschisch«, in welchem er mit zahlreichen Bildern, wie etwa dem Gespinst, das den Raum einwebt, auf die Verbindung von Rausch, Text und Lektüre hingewiesen hat.[33]

Maria, nachdem sie die Bedeutung des Briefes in sich gespeichert hatte, erzählte diese dann meiner Grossmutter, viel blumiger, wie ich später herausfand, als die kurzen Briefe meiner Eltern, so blumig, dass sie Geschichten wurden, und Grossmutter ihrerseits sprach mit den Geschichten, als wären sie im Raum, dieses Sprechen schrieb Maria auf das Briefpapier und setzte am Schluss immer wieder den gleichen Satz: »Ich hoffe, es geht euch gut, wie es uns gut geht«.

Eine Formel, die an Geschichtenerzähler erinnerte, welche manchmal auf die Piazza kamen. Ihre Erzählungen eröffneten sie mit der Formel »Wir ziehen den Hut aus« und schlossen mit »Wir setzen uns den Hut auf«.

> Ueee! Ueee! Wir ziehen den Hut aus.
> Stühle! Stühle! Wer will Stühle? Heisse Kastanien, für nur eine Lira. Heute erzähl ich die Geschichte – he, Sie da! Sie haben die Kastanien nicht bezahlt! – schaut mal her, so sehen die guten Bürger von heute aus! – die Geschichte vom Buben, der sich weigerte auf dem Schulhof Italienisch zu sprechen. Ein Bub kann nicht verstehen, weshalb seine Muttersprache, die auch die Sprache des Dorfes ist, hinter den Mauern der Schule aufhören müsse – bringen Sie den Stuhl zurück! Auch wenn die Geschichte nicht gefällt, heisst das nicht, dass Sie meine Stühle entführen müssen.

Während der Besuche bei Maria erfuhr ich, wie das Lesen ein Sprechen & Schreiben auslösen kann, denn meine Grossmutter schien mir in Trance, wenn sie dem Gelesenen antwortete.

Manche meiner Studenten haben ein urwüchsiges Verlangen nach Sprache, als müssten sie dort ihre Seele finden. Ihnen fehlt aber die Erfahrung des Lesens in der Kindheit. Es ist, als wären sie einer wichtigen Zeit ihres Lebens beraubt. Ich kann dies ganz gut nachvollziehen, denn diese Zeit wurde auch mir nicht gegeben. Ein Gefühl, als hätte ich Dormicum genommen und einen Teil meiner Kindheit vergessen. Ein leerer Raum, eine Leerstelle. Ach! Wie würde ich gerne eine Erinnerung an das frühe Lesen haben. Dafür gäbe ich ein Königreich. Fast manisch suche ich, bei den von mir geliebten Autoren, nach Texten, die über ihre Erinnerung an das erste Leseerlebnis berichten. Hier sei der Dichter Charles Simic zitiert: »Ich erinnere mich nicht mehr an die Titel der Bücher, oder in welchem Jahr das war, doch solche mit Büchern verbrachte Augenblicke sind meine glücklichsten Erinnerungen. Ich fing früh an zu lesen, weil mein Vater eine grosse Bibliothek besass. Sogar in meinem Zimmer standen ernste Bücher. Sie machten mich neugierig. (...) Im Alter von zehn war ich verliebt in Bücher.«[34]

Wie gerne hätte ich einen ähnlichen Text schreiben wollen! Und wie glücklich bin ich, dass ich ihn lesen kann. Ich lernte im Alter von zehn, dass es nicht nur Schulbücher gibt. Die Verliebtheit kam erst später. Und diese späte Verliebtheit dauert bis heute an. Es gibt Bücher, die ich immer wieder Satz um Satz ausziehe, langsam über Tage und Monate, um jeden Zentimeter immer wieder neu zu entdecken. Welche Erotik! Dazu gehören die Bücher von Wittgenstein, die Notate und Notizen von Ludwig Hohl, die Bücher von Jabès, Die göttliche Komödie von Dante, Borges, Robert Walser.

Verliebtheit. Wärme. Ein Feuer anfachen. Verbrennen und Wärme abgeben. In »Liebe im Klimawandel« sind es die Bücher, die diesen zwei letzten Menschen ihre Texte, aber als brennende Objekte auch ihre Wärme geben. Ein letztes Zeichen gegenseitiger Liebe. Ich verbrenne mich für dich.

Hätte ich statt eines Kleintheaters eine Schule gegründet, müssten die Kinder die Möglichkeit haben über einen langen Zeitraum hinweg ganzheitlich Gegenstände hervorzubringen. Ein Buch, zum Beispiel. Jeder Schüler schreibt ein Buch und stellt es auch her, eine reale Möglichkeit der Zusammenstellung der Teile des hervorzubringenden Gegenstandes. Begierde, Kreation, Produktion und dann wieder Begierde.

Verführen, bitte

Ein guter Text verführt, hat eine erotische Kraft und erzeugt Lust. Lust auf Lesen, Lust auf Schreiben.

Die Beziehung zwischen Lesenden und Schreibenden ist aktiv. Immer wieder neu entsteht der Text beim Lesen.

Der Text hat – obwohl gedruckt – keine Gewissheit, kein »ist«. Was geschieht, wenn das Buch geschlossen ist, weiss niemand. Ist es geöffnet, ist es der Lesende, der ihm Leben einhaucht, ihn wieder schreibt, ihn auch verändert.

Nicht im »ist« ereignet sich es, nur im »und«. Ich und der Text, der Text und ich. Texte, die uns die Gewissheit vormachen wollen, sind meines Erachtens para-literarisch. Papiertiger. Ich habe es schon gesagt, Lesen ist für mich eine späte Liebe. Ich war fast 16. All meine Kollegen aus dem Gymnasium hatten schon mehrere Bücher gehabt. Sie waren schon professionelle Liebhaber. Meine erste grosse Verführung. Ich erinnere mich gut an sie. Ich lag mit Fieber im Bett. Marianne R. hatte Mitleid mit mir. Nebst den zu machenden Aufgaben brachte sie mir ein Buch aus der Bibliothek ihrer Eltern. »Le rouge et le noir« von Stendhal. Hätte sie damals gewusst, was sie mit dieser Gabe auslöste, hätte sie anders gehandelt. Schon vom ersten Satz an wurde es heftig in mir. Ich konnte nicht mehr loslassen. Ich musste das ganze Buch haben, Seite um Seite, Wort für Wort, und zwar jetzt und subito! Ab und zu schlief ich ein, erschöpft von der Liebe, vom Lesen, vom Fieber. Kaum erwacht, erwachte meine Begierde auch, ich musste weitermachen und noch weiter gehen. Ich verschlang – welch ein gutes Wort dafür – das Buch. Die Bewegung hört nicht beim Verschlingen auf. Der Text ist in mir, aber er bleibt im Buch bestehen und kann bei erneutem Lesen neu entstehen. Ewige Wiederkehr. Ich vergass Marianne R.

Ich wollte auch verführen. Der Text verführte mich zum

Verführen-Wollen, zum Schreiben. Ich wollte in dieser Beziehung nicht nur Nehmender sein, sondern auch der Gebende.

Die guten Texte bringen dich zum Schreiben. Sie machen dir nicht Angst. Sie sagen dir nicht: Schau wie gross und gut ich bin. So etwas wirst du nie erreichen. Sie laden dich ein. Verstehe mich und versuche auch du, flüstern sie ins Ohr.

Die guten Texte werden Sprache. Der Traum des Schriftstellers ist Sprache zu werden. Der Himmel wäre ein Ort im Wort und die Schriftsteller sind einfach da und die Texte schreiben und sprechen sich. Werden Sprache; ohne ihr Zutun. Im Himmel für Schriftsteller geht es nicht um Auflagen und Verkaufszahlen oder um Preise. Das Buch hat dort nicht die Halbwertszeit einer Banane.

In Arno Schmidts »Goethe« sagt Goethe: »Wer nicht mit mindestens 1 Million Lesern rechnet, sollte gar nicht erst beginnen zu schreiben«.

Arno Schmidt möchte ihn rausschmeissen, verzichtet aber darauf und kontert:

»Mit der Ihnen eigenen Unschärfe haben Sie die zweite Bedingung hinzuzufügen unterlassen: bei einem ›wirklich guten‹ Schriftsteller muss sich diese ›1 Million Leser‹ gleichmässig auf die nächsten 500 Jahre nach Erscheinen des Buches verteilen. Und nicht minder diese dritte: Ihre ›1 Million‹ muss sich sukzessive aus den Besten der Nation zusammensetzen; nicht aus Kindern, uniformierten Jungen, greisen Stücken Vieh, oder sonstigen Arschlöchern.«[35]

Der Ort der Sprache ist das Paradies für Wortsüchtige. Dort entstehen alle Texte und werden ins All geschleudert. Einige landen auf Erden.

Wenn ich bei meinen Besuchen in Santa Sofia d'Epiro beim Haus der Maria vorbeikomme – die zaubernde Leserin und

Schreiberin aus meiner Kindheit ist längst gestorben – denke ich mir, dass das Tor zu diesem Paradies hier zu finden wäre. Mir fehlt der Vergil, der mich begleiten würde.

> perché, appressando se al suo disire,
> nostro intelletto si profonda tanto,
> che dietro la memoria non può ire.

> Denn von seiner Sehnsucht oder Begierde getragen, geht unser Geist so sehr in die Tiefe, dass er nicht hinter die Erinnerung gehen kann.[36]

Ich übersetze bewusst so, denn unsere Begierde wird nur vom Text getragen und wir können nicht dahinter schauen.

Die Sprache als sexueller oder erotischer Raum hat nichts mit der Erotik der Massenkultur zu tun. Die avantgardistische Arbeit bestehe darin, meint Roland Barthes, das erotische Verbot aufzuheben, welches die politisierte Sprache durchdringe.

In jenen fiebrigen Tagen vor vielen Jahren spürte ich den erotischen Raum der Sprache Stendhals. Ich spürte, dass sie einem Raum des Autoren Stendhal entspricht. Einem Raum im Innersten des Schriftstellers, der sein Leben stark in den Text einfliessen liess, ohne selbstverliebt zu wirken. Weil Stendhal die Schilderung innerer Ereignisse wichtiger findet als die von äusseren, wird er für mich als heutigen Leser zum liebenswerten Körper, zur Spur, die verführerisch bleibt.

Ich vergass Marianne R. und wollte von nun an auch schreiben. Ich hatte mein erstes Buch geliebt, von der ersten bis zur letzten Seite. Mein Leben sollte zur Quelle werden, aus welcher ich schöpfen würde. Ich wollte mich beim Schreiben als psychoanalytisches Subjekt begründen. Der Unterschied zwischen der Subjektivität und der Objektivität ist nicht von Belang.[37]

In »Meine italienische Reise« habe ich den Wunsch folgendermassen formuliert:

> Es gibt Aufnahmen von mir, die nicht mich darstellen. Sie stellen keine Nähe her, erwecken keine Familiarität. Sie zeigen mir meine dritte Person. Ist es die Beleuchtung, der Aufnahmewinkel, das Papier, das Ich des Photographen, ich weiss es nicht. Von nun an nenne ich mich auch er. Es soll keine Regel geben.[38]

Zurück

Was ich mit meiner Grossmutter und Maria erlebt habe, ihr Wunder, ihre Zauberei, führte mich zu der Einsicht, dass auch ich einen Brief brauche, um das Schreiben in Gang zu setzen. Die Briefe, die ich erhalte, sind die Bücher. Ich stelle mir vor, Maria würde sie mir vorlesen, und viel später würde ich ihr meine Antwort diktieren.

Bitte Maria, lies vor!

> Ich betrachte mich vor allem als Leser. Wie Sie wissen, habe ich mich ans Schreiben gewagt; aber ich glaube, das, was ich gelesen habe, ist viel wichtiger als das, was ich geschrieben habe. Denn man liest, was man mag – aber man schreibt nicht, was man schreiben möchte, sondern was man zu schreiben fähig ist.[39]

Sie haben mir nun fünf Vorlesungen lang zugehört. Sie waren geduldig mit mir und grosszügig auch. Ich danke Ihnen dafür. Ohne Lesen gibt es kein Schreiben. Die Umkehrung gilt natürlich auch. Zuerst war das Lesen, nehme ich an. Die Zeichen, die Bewegungen, die Fährten lesen, dann kam das Schreiben, das Zeichen setzt, Bewegungen macht und Fährten legt. Wenn es mir gelungen ist, in einigen von Ihnen die Begierde, die Sehnsucht nach Lesen oder nach Schreiben zu wecken, dann ist mir viel gelungen, und ich kann mich glücklich nennen. Glücklich in Dresden.

ENDNOTEN

1 K. Lorenc: Alle mal herhören. In: Ders.: Gegen den großen Popanz. Gedichte. Berlin/Weimar 1990, S. 83.
2 K.-M. Gauß: Die Slawen von nebenan – Sorbische Reise durch Deutschland. In: ders.: Die sterbenden Europäer. Unterwegs zu den Sepharden von Sarajevo, Gottscheer Deutschen, Arbëreshe, Sorben und Aromunen. Wien 2001, S. 143–182, hier S. 148.
3 F. Micieli: Der Preis für das Fremdsein. Dankesrede anlässlich der Verleihung des Förderpreises zum Adelbert-von-Chamisso-Preis. In: Jahrbuch der Bayerischen Akademie der schönen Künste 16 (2002), S. 523–527.
4 R. Barthes: Tagebuch der Trauer. München 2010, S. 237.
5 L. Wittgenstein: Über Gewißheit. Frankfurt/M. [7]1990, § 476.
6 Ebd., § 472.
7 F. Micieli: Meine italienische Reise. Bern 1996, S. 221.
8 F. Micieli: Mein Vater geht jeden Tag viermal die Treppe hinauf und hinunter. Texte zu Sprache und Heimat. Biel 2007, S. 68.
9 F. Mayröcker: Entfachung. In: Dies.: Magische Blätter IV. Frankfurt/M. 1995, S. 38–44, hier S. 40 f.
10 J. Brodsky: Der sterbliche Dichter. Über Literatur, Liebschaften und Langeweile. München 1998, S. 107.
11 B. Brecht: Flüchtlingsgespräche. Berlin/Frankfurt/M. 1961, S. 7–8.
12 L. Hohl: Die Notizen oder von der unvoreiligen Versöhnung. Frankfurt/M. [2]1986, S. 263.
13 Micieli, Mein Vater geht jeden Tag (wie Anm. 8), S. 36–37.
14 Ebd., S. 32–33.
15 Ch. Wirz: Immigration, Langues, Intégration: Etudes des Récits d'Auteurs Beurs en France et Secondos en Suisse. Villeneuve d'Ascq 2010, S. 314.
16 Ebd., S. 315.
17 F. Micieli: Das Lachen der Schafe. Bern 1989, S. 78.

18 E. Jabès: Ein Fremder mit einem kleinen Buch unter dem Arm. München 1993.

19 Ebd., S. 48.

20 R. Barthes: Fragment einer Sprache der Liebe. Frankfurt/M. 1984/1988, S. 162.

21 J. L. Borges: Eines Dichters Credo. In: Ders.: Das Handwerk des Dichters. München 2000, S. 73–94, hier S. 73.

22 F. Micieli: Winterreise. Oper in elf Szenen. [Musik: Ingomar Grünauer/ Libretto: F.M.] UA: Internationale Musikwochen Luzern 1994.

23 R. Barthes: Die Körnung der Stimme. Frankfurt/M. 2002, S. 206.

24 T. Rosenlöcher: Die Wiederentdeckung des Gehens beim Wandern. Harzreise. Frankfurt/M. 1991, S. 11; ders.: Am Wegrand steht Apollo. Wiepersdorfer Tagebuch. Gedichte. Frankfurt/M. 2001, S. 56.

25 J. L. Borges: Das Erzählen. In: Ders., Handwerk (wie Anm. 21), S. 36–44, hier S. 38.

26 F. Micieli: Am Strand ein Buch. Eine Erzählung. Bern 2006, S. 91.

27 Micieli: Meine italienische Reise (wie Anm. 7), S. 268–269.

28 T. Kling: Der Schwarzwald 1932. In: Ders.: Gesammelte Gedichte. Köln 2006, S. 685.

29 M. de Montaigne: An den Leser (Vorrede zu den Essays). In: Ders.: Essays. Leipzig 1967, S. 297.

30 F. Micieli: Ich weiss nur, dass mein Vater grosse Hände hat. Tagebuch eines Kindes. Bern 1986, S. 92.

31 F. Micieli: Liebe im Klimawandel. Ein Protokoll. Bern 2010, VI, S. 1.

32 L. Wittgenstein: Logisch-philosophische Abhandlung. Tractatus logico-philosophicus. Kritische Edition. Frankfurt/M. 1998, § 3.221.

33 W. Benjamin: Über Haschisch. Frankfurt/M. 2000.

34 C. Simic: Verliebt in Bücher. In: Mein erstes Buch. Autoren erzählen vom Lesen. Hg. v. Hans Jürgen Balmes. Frankfurt/M. 2002, S. 69–71.

35 A. Schmidt: Goethe und Einer seiner Bewunderer [1956]. In: Ders.: Bargfelder Ausgabe. Werkgruppe 1. Romane, Erzählungen, Gedichte, Juvenilia. Band 2. Zürich 1986, S. 192–193.

36 D. Alighieri: La Divina Commedia/Die Göttliche Komödie [1321]. Stuttgart 2012, Par. I, Vers 7–9.

37 Vgl. Barthes, Körnung (wie Anm. 23), S. 181.

38 Micieli, Meine italienische Reise (wie Anm. 7), S. 224.

39 Borges, Credo (wie Anm. 21), S. 73.

ZEITTAFEL

1956	geboren am 21. Februar im kalabrischen Santa Sofia d'Epiro (Italien) als Angehöriger der albanischen Minderheit der Arbëresh. Micieli wächst mit dem albanischen Dialekt und der italienischen Sprache auf.
1965	nach der Arbeitsmigration der Eltern in die Schweiz Umzug nach Lützelflüh im Emmental. Micieli erlernt den Berndeutschen Dialekt und die hochdeutsche Sprache.
1976	Abitur am Gymnasium in Burgdorf
1976–1982	Studium der Germanistik und Romanistik in Bern, Cosenza und Florenz. Abschluss als Lizenziat
1976–1979	Schauspieler und Autor am Protheater Solothurn
1978	Gründungsmitglied des Vereins ›Solothurner Literaturtage‹
1979–1989	Schauspieler, Autor und Regisseur am ›Theater Scharfenegge‹ in Burgdorf
1980	Werkpreis der Stadt Burgdorf
1981–1988	Assistent am Romanischen Seminar der Universität Bern
seit 1989	als freier Schriftsteller in Bern
1987	Förderpreis des Kantons Bern
1989	Werkpreis der Stadt Burgdorf
1990	Buchpreis der Stadt Bern, Werkpreis des Kantons Solothurn
1991	Werkauftrag der Pro Helvetia
seit 1999	Dozent an der Schule für Gestaltung Bern und Biel sowie seit 2006 an der Hochschule der Künste Bern (Schweizerisches Literaturinstitut)

1992–1999	Präsident der deutschsprachigen Literaturkommission des Kanton Bern
1993	Werkjahr der Stadt und des Kantons Bern, Preis des internationalen Literaturfestivals ›Kristal Vilenica‹ in Slowenien
1996	Schillerpreis (Buch des Jahres) der Schweizerischen Schillerstiftung für *Meine italienische Reise*
1997	Werkauftrag der Pro Helvetia, Werkauftrag der Stadt und des Kantons Bern
2002	Adelbert-von-Chamisso-Förderpreis
2003	Werkpreis der UBS Kulturstiftung
2007–2010	Vorsitzender des ›Verbands der Autorinnen und Autoren der Schweiz‹ (AdS)
2009	Preisstipendium ›Weiterschreiben‹ der Stadt Bern
2009–2010	Mitarbeit im Forschungsprojekt ›Musiktheater in Migration‹ an der Hochschule der Künste Bern
2011	Chamisso-Poetikdozentur Dresden
2011	externer Juror im Aargauer Kuratorium, Bereich Literatur
seit 2013	Mitglied der Literaturkommission der Stadt Bern
2014	Schreiben eines neuen Librettos der Oper »Schloss Dürande« von Othmar Schoeck, im Rahmen eines Forschungsprojektes der Hochschule der Künste Bern und des Schweizerischen Nationalfonds.

BIBLIOGRAFIE

Bücher

Ich weiss nur, dass mein Vater grosse Hände hat. Tagebuch eines Kindes. Mit einem Nachwort von Walter Vogt. Bern: Kurt Salchli 1986.
Das Lachen der Schafe. Bern: Kurt Salchli 1989.
Sieben Gedichte für Max. Bern: Kurt Salchli 1989.
Meine italienische Reise. Gümligen/Bern: Zytglogge 1996.
Ich weiss nur, dass mein Vater grosse Hände hat. Das Lachen der Schafe. Meine italienische Reise. Trilogie. [Wiederveröffentlichung der drei früheren Prosabücher in einem Band]. Bern: Zytglogge 1998.
Blues.Himmel. Ein Album. Bern: Zytglogge 2000.
Am Strand ein Buch. Eine Erzählung. Bern: X-Time 2006.
Mein Vater geht jeden Tag vier Mal die Treppe hinauf und herunter. Texte zu Sprache und Heimat. Biel: Die Brotsuppe 2007.
Liebe im Klimawandel. Ein Protokoll. Bern: Zytglogge 2010.
Schwazzenbach. Schlaflos in Lützelflüh. Erzählung. Bern: Zytglogge 2012.
Der Agent der kleinen Dinge. Bern: Zytglogge 2014.

Drehbücher/Theaterstücke/Opernlibretti/Regie

Antigone. UA: Theater am Scharfenegge Burgdorf 1979.
Traum 1. UA: Theater am Scharfenegge Burgdorf 1980.
Traum 2. UA: Theater am Scharfenegge Burgdorf 1981.
Der Wartesaal. UA: Theater am Scharfenegge Burgdorf 1982.
Der letzte Kyburger. UA: Theater am Scharfenegge Burgdorf 1984.
Gott, der Nackte und der Strassenwischer. UA: Strassentheater Strabanzen Biel 1985.

K. UA: Theater am Scharfenegge Burgdorf 1985; neue Fassung u. d. T.: K. Ein Spiel für zwei Darsteller und zwei Klappstühle. UA: Kleintheater in der Kramgasse Bern 1991.

Das Lachen der Schafe. UA: Internationale Musikwochen Luzern 1991.

Die Stille, wenn kein Zug fährt. UA: Théatre pour le moment Bern 1993.

Winterreise. Oper in elf Szenen. [Musik: Ingomar Grünauer/Libretto: F. M.] UA: Internationale Musikwochen Luzern 1994. [Klavierauszug von Christian Pollack und Libretto. Mainz: Schott Music 1994.]

Sprich Wort Sprich. Szenische Lesung. UA: Stadttheater Luzern 1996.

John und Joe. [Text: Ágota Kristóf/Regie: F. M.] UA: Theater Eiger Mönch & Jungfrau Bern 1999.

Trilogie der Sommerfrische. Oper in drei Akten nach Carlo Goldoni. [Musik: Ingomar Grünauer/Libretto: F. M.] UA: EXPO Hannover/ Philharmonisches Orchester der Stadt Trier 2000; [Textbuch] Mainz: Schott Music 2000.

Winterreise. Libretto für eine Oper in elf Szenen. In: Berner Almanach. Bd. III: Theater. Hg. v. Stefan Koslowksi u. a. Bern: Stämpfli 2000, S. 244–247.

Arbëreshë – Ein Migrationsblues. Dokumentarfilm von Georg Häsler und Hilmi Gashi in Zusammenarbeit mit Francesco Micieli. Bern: a33-medien.ch/SF-DRS 2001; UA: Solothurner Filmtage, Januar 2002.

Lamenti. Szenisches Madrigal nach der Oper Monteverdis. UA: Schlachthaus Theater, Bern/Theaterfestival deutscher Sprache Prag 2004.

Winterreise II/Engel der Zukunft. Ein elektro-akustisches Hör-Schau-Spiel. UA: Rathauskonzerte Thun 2006.

Am Anfang starb ein Rabe. Gedichte zu Musik. [Texte: Levon Westermann/Musik: Tomasz Skweres/Regie: F. M.] UA: Biennale Bern 2010.

Hörbücher

Ich weiss nur, dass mein Vater grosse Hände hat. Tagebuch eines Kindes. [Hörbuch. Gelesen von Francesco Micieli]. Bern: Zytglogge 2006.

Urs Dickerhof: Kleine blaue Nacht. Notizen vom Tal. [Hörbuch. Gelesen von Maya Arber/Francesco Micieli]. Biel: Die Brotsuppe 2008.

Poetische Arbeiten in Anthologien und Zeitschriften

[7 Gedichte]. In: Max Sommer. Mit 7 Gedichten von Francesco Micieli und einem Vorwort von Christoph Doswald. Bern: Kurt Salchli 1989, S. 10, 16, 20, 26, 30, 36 u. 40.

Im fremden Land [Auszug aus ›Das Lachen der Schafe‹]. In: Schweizer Erzählungen. Deutschschweizer Prosa seit 1950. Band I. Hg. v. Christoph Siegrist. Frankfurt a. Main: Suhrkamp 1990, S. 197–200.

Der Himmel ist ein Ochsenauge. Eine Tarantella. In: Klagenfurter Texte. Ingeborg-Bachmann-Wettbewerb. Die Besten 1991, S. 94–104.

Das Kochbuch des Wärters. In: Geschichten zum Essen. Hg. v. Baer AG/Carlo Bernasconi. Zürich: Pendo 1997, S. 109–115.

Mein Emmental. In: Time-out im Emmental. Hg. v. Beat Gugger/ Markus Schürpf. Bern: Licorne 1997, S. 28–33.

Quasi parlando/Blues.Himmel. [Auszüge] In: entwürfe für literatur 14 (1998), H. 5 [Sonderheft 20. Solothurner Literaturtage], S. 62 f.

Ich weiß nur, daß mein Vater große Hände hat. In: Döner in Walhalla. Texte aus der anderen deutschen Literatur. Hg. v. Ilija Trojanow. Köln: Kiepenheuer & Witsch 2000, S. 73–80.

Nächtliche Improvisationen zu Rottweil. In: Texte über Rottweil. Deutsch-Schweizer Autorentreffen. Von den teilnehmenden Autorinnen und Autoren aus den Jahren 1984–1999. Hg. v. Stadtarchiv Rottweil. Rottweil: Stadtarchiv 2000, S. 43 f.

Weihnachten zwischen den Welten. In: Weihnachtsbasar. Geschichten zur fünften Jahreszeit. Hg. v. Brigitta Rambeck. München: Kirchheim 2002, S. 184–188.

Auf-Zeichnungen & Postkarten an & für U. D. In: Dickerhof, Urs: Fantasmi. Biel: edition clandestin 2008, o. P.

Schuhe. 8 Minutengeschichten. In: Der Schuh. Eine Geschichtensammlung. Hg. v. Haus am Gern. Zürich: Schweizerisches Jugendschriftenwerk 2010, S. 57–60.

Schwazzenbach. Fragment eines Anfanges. In: Globale Heimat.ch. Grenzüberschreitende Begegnungen in der zeitgenössischen Literatur. Hg. v. Charlotte Schallié/Margrit Verena Zinggeler. Zürich: Ed. 8 2012, S. 270–276.

Auszüge aus ›Ich weiss nur, dass mein Vater grosse Hände hat‹, ›Meine italienische Reise‹ und ›Blues.Himmel‹. In: Literaturdiskurs Alpen. Hg. v. Johann Georg Lughofer. Ljubljana: Filozofska Fakulteta Univerze v Ljubljani 2013, S. 13 f.

Der ausgestellte Kollege, in der Nacht. In: Auch das könnte wahr sein.

Hommage an den Geschichtenerzähler Jörg Steiner. Hg. v. Rolf Hubler/Hans Ruprecht. Zürich: Rotpunkt 2014, S. 77–80.

Aufsätze und Artikel

»Waltern«. In: Der Bund, 26. 7. 1997.

Mutter; Sprache. In: Berner Almanach. Bd. II: Literatur. Hg. v. Adrian Mettauer u. a. Bern: Stämpfli 1998, S. 279–283.

Hors Catégorie. In: Neue Zürcher Zeitung, 18. 9. 2001.

und haben fast die Sprache in der Fremde verloren. In: Küsse und eilige Rosen. Die fremdsprachige Schweizer Literatur. Ein Lesebuch. Hg. v. Chudi Bürgi/Anita Müller/Christine Tresch. Zürich: Limmat 1998, S. 267–270; überarbeitete Fassung in: vbg-journal. Vereinigung für Beratung, Integrationshilfe und Gemeinwesenarbeit 2001, H. 2, S. 5 f.

Der Preis für das Fremdsein. Dankesrede anlässlich der Verleihung des Förderpreises zum Adelbert-von-Chamisso-Preis. In: Jahrbuch der Bayerischen Akademie der Schönen Künste 16 (2002), S. 523–527.

Ich habe mich lügend in die (bern-)deutsche Sprache gestohlen. In: Schweizer Monatshefte 85 (2005), H. 8/9, S. 46–48; auch in: Medien und Interkulturalität im Deutschunterricht (DaF). Hg. v. Mario de Matteis. Oberhausen: Athena 2012, S. 85–90.

Mare nostrum. In: Dieter Leuenberger: Aus der Welt. Ein Bild/Text-Band. Oberhofen a. Thunersee: Zytglogge 2005, S. 57–59.

Wer erzählt, hat Macht. Nach Mailand mit dem ›blinden Masseur‹ von Catalin D. Florescu. [Rezension zu Dorian Catalin Florescus »Der blinde Masseur«] In: Schweizer Monatshefte 86 (2006), H. 9/10, S. 47.

Die Tapete ist abgereist. [Rezension zu Kurt Aeblis »Ich bin eine Nummer zu klein für mich«] In: Schweizer Monatshefte 87 (2007), H. 11, S. 47.

Nimm sie hin denn, diese Lieder. Minutengedanken zu Robert Schuhmann. In: Orte. Eine Schweizer Literaturzeitschrift 31 (2007), H. 149, S. 19–21.

Was malt in mir das Bild, wenn ich es anschaue? In: Der literarische Blick. Schweizer Autorinnen und Autoren schreiben zu Schweizer Kunst des 20. Jahrhunderts aus der Sammlung Nationale Suisse. Hg. v. Daniel Bruckner/Andreas Karcher. Zürich: Limmat 2008, S. 123–126.

Nach dem Fest. In: Lichterfeste, Schattenspiele. Chamisso-Preisträger erzählen. Hg. v. Péter Esterházy. München: dtv 2009, S. 177–180.

Das Theater am Scharfenegge. In: Burgdorf. Nabel der Welt mit stolzer Geschichte. Hg. v. Daniel Gaberell. Bern: Herausgeber.ch 2009, S. 91 f.

Francesco reist nach Lugano. [zu Kurt Aebli: Der Unvorbereitete] In: Schweizer Monatshefte 90 (2010), H. 4/5, S. 52.

Francesco reist nach Verbania. [zu David Signer: Die nackten Inseln] In: Schweizer Monatshefte 90 (2010), H. 7/8, S. 50.

Micieli reist nach Brig. [zu Giorgio von Arb/Erwin Koch: Ein Buch über die Welt – das Kloster Disentis] In: Schweizer Monatshefte 90 (2010), H. 11, S. 56.

Die Sprache übernachtet in der Sprache. Vorwort. In: Mutter, wo übernachtet die Sprache? 14 Porträts mehrsprachiger Autorinnen und Autoren in der Schweiz. Zürich: Limmat 2010, S. 7–9.

Micieli reist: Bern-Leukerbad: 2 Stunden, 10 Minuten. In: Literarischer Monat (2011), H. 3, S. 15.

Micieli reist: Bern-München: 6 Stunden, 57 Minuten. In: Literarischer Monat (2011/12), H. 4, S. 17.

Micieli reist: Frankfurt-Amsterdam: 3 Stunden, 56 Minuten. In: Literarischer Monat (2012), H. 5, S. 19.

Micieli reist: Bern-Ljubljana: 3 Stunden, 10 Minuten. In: Literarischer Monat (2012), H. 6, S. 23.

Micieli reist: Bern-Milano: 3 Stunden, 4 Minuten. In: Literarischer Monat (2012), H. 7, S. 21.

Micieli reist: Bern-Schwäbisch Gmünd: 4 Stunden, 34 Minuten. In: Literarischer Monat (2012), H. 8, S. 27.

Micieli reist: Bern-Berlin: 8 Stunden, 8 Minuten. In: Literarischer Monat (2012/13), H. 9, S. 27.

ALPEN von mir aus gesehen. Ein Alpaufzug. In: Literaturdiskurs Alpen. Hg. v. Johann Georg Lughofer. Ljubljana: Filozofska Fakulteta Univerze v Ljubljani 2013, S. 5f.

Auf dem Rilkeweg mit Marina Zwetajewa. In: Einen schweren Schuh hatte ich gewählt … Lesen und wandern rund um Leukerbad. Hg. v. Hans Ruprecht. Zürich: Dörlemann 2013, S. 191–198.

Hier ist das wahre Fliegen. Micieli reist: Bern-Wien-Tirana: 6 Stunden, 30 Minuten. In: Literarischer Monat (2013), H. 10, S. 29.

Der Gast. Einige Gedanken zur besonderen Qualität des Fremdseins. In: Schweizer Monat. Die Autorenzeitschrift für Politik, Wirtschaft und Kultur 93 (2013), H. 6, S. 88–91.

Warum ich lese. Mein Blick nach Süden war ein Blick aus dem Norden. In: Literatur im Kontext. Kunst und Medien, Religion und Politik. Festschrift für Walter Schmitz. Hg. v. Frank Almai/Ulrich Fröschle. Dresden: Thelem 2015, S. 41–43.

Gespräche

Sina Bühler: Jesses, was ist nächsten Monat? In: WOZ – Die Wochenzeitung, 1. 10. 2009.

Martina Kamm: Mit eigener Stimme. Die Eroberung eines neuen literarischen Raums. Auszug aus dem Interview mit Giuseppe Gracia und Francesco Miceli. In: Dies./Bettina Spoerri/Daniel Rothenbühler/Gianni D'Amato: Diskurse in die Weite. Kosmopolitische Räume in den Literaturen der Schweiz. Zürich: Seismo 2010, S. 121–125.

Johannes Kleine/Lukas Schergaut/Walter Schmitz/Anja Zimmermann: Jeder Mensch hat das Recht, fremd zu sein. In: Ostragehege. Zeitschrift für Literatur, Kunst 18 (2011), H. 11, Nr. 62, S. 22–28.

Corina Lanfranchi: »Vielleicht hätte ich nie mit Schreiben angefangen«. In: ProgrammZeitung. Kultur im Raum Basel 25 (2012), H. 270, S. 17.

Lerke von Saalfeld: Fremd ist der Zustand der Moderne. In: Ich habe eine fremde Sprache gewählt. Ausländische Schriftsteller schreiben deutsch. Hg. v. ders. Gerlingen: Bleicher 1998, S. 207–227.

Übersetzungen

Gaetano Donizetti: Betly. Aus dem Italienischen ins Deutsche übersetzt v. Francesco Micieli. In: Opéras suisse en voyage – de Bätely à Betly/Schweizer Opern auf Reisen – von Bätely zu Betly. Hg. v. Claudio Bacciagaluppi/Marie Caffari/Annette Kappeler. Lausanne: Centre de Traduction Littéraire 2010, S. 219–281.

Über Francesco Micieli und seine Werke (Auswahl)

Lexikonartikel

Roman Bucheli: Francesco Micieli. In: Kosch, Erg. Bd. 6, Sp. 141 f.

Fachaufsätze

Gertrude Durusoy: Das Verwachsensein mehrerer Kulturen in einem Menschen – das Werk Francesco Micielis. In: Trans. Internet-Zeitschrift für Kulturwissenschaften (2006), Nr. 16; http://www.inst.at/trans/16Nr/06_1/durusoy16.htm, Zugriff am 23. 7. 2012.

Gertrude Durusoy: Wechselbeziehungen Mensch-Umwelt im Werke Francesco Micielis. In: Studien zur Germanistik der Janus-Pannonius-Universität Pécs 1 (1993), S. 39–53.

Stefan Hofer: ›Wahrscheinlich erkennt mein Gehirn die Grenze…‹ Grenzerfahrung und Ortsvergewisserung bei Francesco Micieli und Franco Supino. In: Partir de Suisse, revenir de Suisse/Von der Schweiz weg, in die Schweiz zurück. Hg. v. Gonçalo Vilas-Boas. Strasbourg: PU de Strasbourg 2003, S. 187–213.

Beate Laudenberg: Francesco Micieli (*1956 in Santa Sofia d'Epiro). The Perspective of a Migrant Generation. In: From the Margins to the Centre. Irish Perspectives on Swiss Culture and Literature. Hg. v. Patrick Studer. Oxford: Lang 2007 (= German Linguistic and Cultural Studies; 18), S. 211–214.

Patrice Neau: Francesco Micielis Suche nach einer Heimat. In: Dialoge über Grenzen. Beiträge zum 4. Konstanzer Europa-Kolloquium. Hg. v. Norina Procopan. Klagenfurt/Wien: Wieser 2008, S. 99–109.

Daniel Rothenbühler: Im Fremdsein vertraut. Zur Literatur der zweiten Generation von Einwanderern in der deutschsprachigen Schweiz. Francesco Micieli, Franco Supino, Aglaja Veteranyi. In: Migrationsliteratur. Schreibweisen einer interkulturellen Moderne. Hg. v. Klaus Schenk/Almut Todorow/Milan Tvrdík. Tübingen: Francke 2004, S. 51–75.

Mehmet Ünlüsoy: Kommunikationsstörungen und Konfrontationen zwischen Deutschen und Ausländern in der Migrationsliteratur. In: Akten des XI. Internationalen Germanistenkongresses. Paris 2005. Band 6: Migrations-, Emigrations- und Remigrationskulturen – Multikulturalität in der zeitgenössischen deutschsprachigen Literatur. Bern: Lang 2007 (= Jahrbuch für Internationale Germanistik. Reihe A; 82), S. 127–138.

Jaroslav Vostrý: Scenicity and Artistic Performability (From E. F. Burian's Gesamtkunstwerk to the Present). In: disk II/2006. Selections from the Czech Journal for the Study of Dramatic Arts. Hg. v. Július Gajdoš. Prag: Akademie múzických umeni v Praze & Kant 2007, S. 113–137.

Christina Wirz: Francesco Micieli, à la recherche d'une pluralité culturelle. In: Dies.: Immigration, Langues, Intégration. Etude des récits d'auteurs beurs en France et secondos en Suisse. Brest: Université de Bretagne Occidentale 2010, S. 144–148; Dissertation in: http://www.francosupino.ch/besprechungen/sekundaerliteratur/cristina_wirz.pdf, Zugriff am 31. 3. 2011.

Lucia Perrone Capano: »Travelling concepts« in der interkulturellen Literatur (Franco Biondi, Gino Chiellino, Francesco Micieli). In: Deutsch-italienische Kulturbeziehungen als Seismograph der Globalisierung in Literatur, Übersetzung, Film, Kulturarbeit und Unterricht. Hg. v. Maria E. Brunner. Würzburg: Königshausen & Neumann 2014, S. 47–60.

Allgemeine Artikel und Würdigungen

Tomas Gärtner: Francesco Micieli über sein Ich in der Sprache. Heilendes Deutsch. In: Leipziger Volkszeitung, 20.1.2011.

Tomas Gärtner: Mehrsprachig einsprachige Literatur. Ein Schweizer aus Italien mit albanischen Wurzeln: Francesco Micieli hält die Dresdner Chamisso-Poetikdozentur. In: Dresdner Neueste Nachrichten, 18.1.2011.

Phillip Gut: Das polyglotte Lachen der Schafe. In: Der Tages-Anzeiger [Zürich], 30.1.2002.

Undine Materni: Mehrheimisch statt einheimisch. Der Schweizer Autor Francesco Micieli erzählt in Dresden vom Schreiben in fremden Sprachen. In: Sächsische Zeitung, 20.1.2011.

Hans Ulrich Probst: ›Sprache, langsam eroberte Heimat‹ oder ›Nun sind wir Fremde überall‹. Laudatio auf Francesco Micieli. In: Jahrbuch der Bayerischen Akademie der Schönen Künste 16 (2002), S. 517–521; auch in: Schweizer Monatshefte 85 (2005), H. 8/9, S. 45.

Michael Wiederstein: Nacht des Monats mit Francesco Micieli. In: Schweizer Monat. Die Autorenzeitschrift für Politik, Wirtschaft und Kultur 92 (2012), H. 994, S. 80.

Rezensionen Ich weiss nur, dass mein Vater grosse Hände hat

Urs Bugmann: Karge Richtigkeit. In: Neue Zürcher Zeitung, 18.3.1987.

Klara Obermüller: Ein Land ohne Grossmutter. In: Die Weltwoche, 29.5.1986.

Rezensionen Ich weiss nur, dass mein Vater grosse Hände hat *(Hörbuch)*

Brä: Eigen im Ton. In: WOZ – Die Wochenzeitung, 31.8.2006.

Rezensionen Das Lachen der Schafe

Poala Barbon: Francesco Micieli: Das Lachen der Schafe. In: Münster Magazin 10 (1990), H. 3, S. 62.
Heinz Klunker: In der Fremde zu Hause. In: Deutsches Allgemeines Sonntagsblatt, 1. 10. 1993.
Elsbeth Pulver: Von der alten in eine neue Sprachlosigkeit. In: Neue Zürcher Zeitung, 25. 8. 1989.

Rezensionen Winterreise/Engel der Zukunft

Christian Guentlisberger: Walter Benjamin als Heldenautor. in: Neue Zürcher Zeitung, 26. 8. 1994.
hma: Erste Kräfte und Ensemblegeist. In: Frankfurter Allgemeine Zeitung, 22. 3. 1996.
Patrick Fischer: Einsam mit Benjamin. In: Der Bund, 10. 1. 2006.
Christine Weber: engel der zukunft. eine winterreise. In: ensuite kulturmagazin 4 (2006), H. 37, S. 11.
Svend Peternell: Schubert mit literarischer Tiefe. In: Berner Zeitung, 4. 5. 2010.

Rezensionen Meine italienische Reise

Roman Bucheli: Heimatliche Fremde. In: Neue Zürcher Zeitung, 12. 10. 1996.

Rezensionen ›Trilogie‹

Ulrich Bleutge: Das Flüstern der vielen Zungen. In: Stuttgarter Zeitung, 24. 3. 2003.
Gieri Cavelty: Transformationsprozesse. In: Neue Zürcher Zeitung, 30. 1. 2002.
Charles Cornu: Die Augen voll, die Hände leer. Francesco Micielis drei Prosadichtungen in einem Band. In: Der Bund, 5. 12. 1998.
Beatrice Eichmann-Leutenegger: Familienalbum. Trilogie von Francesco Micieli. In: Neue Zürcher Zeitung, 9. 3. 1999.
Heinz Klunker: Eine langsam eroberte Heimat. In: Lesart 4 (1998), S. 77.

Rezensionen Blues.Himmel

Charles Cornu: Ein Mensch verliert sich selbst. In: Der Bund, 15. 9. 2000.
Samuel Moser: Nicht Bauch, nicht Buch. Francesco Micielis Prosaband »Blues. Himmel«. In: Neue Zürcher Zeitung, 21. 11. 2000.
Gregor Patorski: Sicht auf sich selbst. »Album« – Francesco Micieli hat den »Blues.Himmel«. In: Aargauer Zeitung, 18. 10. 2000.
Volker Wieckhorst: Lauter Misstöne. In: Rheinischer Merkur, 20. 4. 2001.

Rezensionen Lamenti

pof: Klingende Grabsteine. In: Der Bund, 19. 11. 2004.

Rezensionen Am Strand ein Buch

Klaus Hübner: Ausweitung der Migrationszone. Eine Albanienfahrt von Francesco Micieli. In: Schweizer Monatshefte für Politik, Wirtschaft, Kultur 86 (2006), H. 7/8, S. 55.
Charles Linsmayer: Sofia und ihr Traum vom Meer. Eine Berner Seconda mit albanischem Hintergrund ist die Ich-Erzählerin von Francesco Micielis neuster Erzählung. In: Der Bund, 18. 5. 2006.

Rezensionen Mein Vater geht jeden Tag vier Mal die Treppe hinauf und herunter

Klaus Hübner: Geborgen – wo? In: Schweizer Monatshefte für Politik, Wirtschaft, Kultur 87/88 (2007/2008), H. 12/1, S. 54.

Rezensionen Liebe im Klimawandel

Beatrice Eichmann: Letzte Tage. In: Neue Zürcher Zeitung, 10. 2. 2011.
Martina Kammermann: Wenn die Welt untergeht. In: Thuner Tagblatt, 2. 9. 2010.
N. N.: Die letzten zwei Menschen. in: Tages-Anzeiger, 19. 10. 2010.
Bettina Spoerri: Sie und Er am Ende der Welt, ohne WOZ. In: WOZ – Die Wochenzeitung, 6. 1. 2011.

Rezensionen Die Sprache übernachtet in der Sprache

Hans-Peter Kunisch: 14 Porträts. In: Süddeutsche Zeitung, 12. 11. 2010.

Beatrice Eichmann: Liebeserklärungen. In: Neue Zürcher Zeitung, 15. 2. 2011.

Rezensionen Schwazzenbach

Wolfgang Bortlik: Der mit dem Tschinggen-Afro. In: 20minuten.ch, 14. 8. 2012.
Urs Bugmann: Ein Sohn von Immigranten erinnert sich. In: Zentralschweiz am Sonntag, 19. 8. 2012.
Michael Ernst: Francesco Micieli erzählt von erlittener Fremdheit. Drei Tage Schweiz. In: Dresdner Neueste Nachrichten, 2. 7. 2013.
Dante Andrea Franzetti: Pressesprecher der Fremdheit. In: http://www.journal21.ch/pressesprecher-der-fremdheit, Zugriff am 2. 5. 2014.
Axel Helbig: Schwazzenbach. Schlaflos in Lützelflüh. Francesco Micieli. In: Ostragehege 19 (2012), H. 3, S. 69.
Klaus Hübner: Vergessene Seele. In: Literarischer Monat (2012/2013), H. 9, S. 22.
Alexander Sury: »Hei, Äntschu, das ist der Wahnsinn, du hier! Gopf!«. In: Der Tages-Anzeiger [Zürich], 26. 10. 2012.
Marie-Louise Zimmermann: Schlaflos in Lützelflüh. In: Berner Zeitung, 22. 8. 2012.

Rezensionen Der Agent der kleinen Dinge

Michael Ernst: »Du wirst sterben«. In: Sächsische Zeitung, 15. 8. 2014.
Andrea Lüthi: Ein schwieriger Agent. Francesco Micielis spielerischer Krimi. In: Neue Zürcher Zeitung, 3. 5. 2014.

Walter Schmitz

FRANCESCO MICIELI – VOM VERSCHWINDEN DES AUTORS UND SEINER WIEDERKEHR IM BUCH[1]

> Der Fremdklingende wird nur nach dem Inhalt wahrgenommen. Er wird selber Inhalt, weil man dazu neigt, den Schreibenden mit dem Geschriebenen gleichzusetzen.
> *Francesco Micieli*

I. Erzählte Migration – autofiktional?

Im Jahr 1986 erscheint das erste Prosabuch von Francesco Micieli. Seither entwickelt sich sein Œuvre stetig, doch nicht in der Geschwindigkeit, die den Marketing-Takten eines sich beschleunigenden Literaturbetriebes

1 Die erzählenden Prosabücher Francesco Micielis werden im laufenden Text mit der bloßen Seitenzahl zitiert, außerdem – soweit der Kontext nicht eindeutig ist – mit den folgenden Siglen: VgH – Ich weiss nur dass mein Vater grosse Hände hat. Tagebuch eines Kindes. Bern: Kurt Salchli 1986. LSch – Das Lachen der Schafe. Bern: Kurt Sachli 1989. MiR – Meine italienische Reise. Bern: Zytglogge 1996. BlH – Blues.Himmel. Ein Album. Bern: Zytglogge 2000. StB – Am Strand ein Buch. Eine Erzählung. Bern: Verlag X-Time 2006. LK – Liebe im Klimawandel. Ein Protokoll. Bern: Zytglogge 2010. SCHw – Schwazzenbach. Bern: Zytglogge 2012. AkD – Der Agent der kleinen Dinge. Bern: Zytglogge 2014. *Liebe im Klimawandel* ist nicht paginiert, sondern in acht römisch gezählte Abschnitte unterteilt. Ich zitiere, damit sich der Leser orientieren kann, mit der Abschnittszahl gefolgt mit einer von mir jeweils innerhalb eines Abschnittes eingefügten Seitenzählung. Das Motto unserer Studie stammt aus Francsco Micieli: Warum schreibst du nicht über ein anderes Thema? In: Ders.: Mein Vater geht jeden Tag vier Mal die Treppe hinauf und herunter. Texte zu Sprache und Heimat. Biel: verlag die brotsuppe 2007, S. 7–12, hier S. 9f. Der Band wird zitiert als »Texte«. Komplementär zu den vorliegenden Überlegungen vgl. meine Studie: ›O du schöne Morea‹: Räume der Fremdheit in der Prosa Francesco Micielis. In: Eine literarische Karte Europas: Das Mittelmeer, Deutschland und seine Nachbarn im Schreiben der Migranten. Hg. v. Walter Schmitz/Michael Hofmann, in Zusammenarbeit mit Mohamed Tabassi. Dresden: Thelem 2016 (i. V.). Als Einführung und Übersicht vgl. Sarah Zinkernagel/Kathrin Schunke: Francesco Micieli. In: Handbuch ›Literatur der Migration in den deutschsprachigen Ländern nach 1945‹. Hg. v. Walter Schmitz. Dresden: Thelem 2016 (i. V.); sowie Sarah Zinkernagel: Francesco Micieli: Mein Vater geht jeden Tag vier Mal die Treppe hinauf und herunter (2007). In: Ebd.

entspricht. Es dauert zwei, drei oder vier Jahre, bis der Autor ein nächstes Buch folgen lässt. Dass diese Bände, die man nur als Notbehelf ›Romane‹ nennen könnte – oder noch weiter zurückgenommen: erzählende Prosa – nicht dem entsprechen, was gerade im ›Literaturbetrieb‹ als angesagt gilt, muss dabei kaum erwähnt werden. Den ›Epochenroman‹ der Migration etwa hat Micieli sich nie vorgenommen. Angelo, der Schriftsteller-Erzähler in *Schwazzenbach*, muss einräumen, dass diese ausgreifende, weltsichere Epik, für die in der Schweizer Tradition zudem Jeremias Gotthelf einsteht, ihm selbst nicht gelingen kann. Ihm fehle der lange epische Atem: »Ich bin ein Hundert-Seiten-Autor« (S. 47) – eine Charakteristik, die sich auch bestätigt, wenn man die Bücher von Francesco Micieli durchsieht. *Schwazzenbach* übrigens endet mit Seite 101. – Acht solche Bände Erzählprosa hat Micieli bis 2014 veröffentlicht, hinzukommen etliche Libretti und Arbeiten für das Theater, dann die Dresdner Poetikvorlesung des Jahres 2011, die hier vorgelegt wird; hinzu kommt ein Essayband, auch weitere Essays sowie Interviews, die – noch – nicht gesammelt sind.

Wer eine Chamisso-Poetikdozentur übernimmt, stellt sich einer Erwartung. Um Fremdheit wird es gehen, um Sprachwechsel, vor allem aber um Autorschaft. Wie schreibt ein Autor in der Nachfolge des Adelbert von Chamisso – jenes Autors, der zwar seine Sprache gewechselt, aber – nach eigenem Zeugnis – deshalb keineswegs die Solidität der Existenz eingebüßt hatte?[2] Immer neu und auffällig findet man denn auch vielfach Hinweise auf die Autorschaft des Francesco Micieli in seiner erzählenden Prosa, Hinweise auf Milieus, die dem Autor vertraut sind, passende biografische Details bei den männlichen Erzählerfiguren. So wird, wer diese Texte liest, neugierig auf diesen Autor und sein Leben. – Francesco Micieli wurde am 21. Februar 1956 in Santa Sofia d'Epiro in Kalabrien geboren, doch er ist nicht Italiener, sondern Angehöriger der albanischen Minderheit der Arbëresh. Mit seinen Eltern, die wie so viele vor der Armut in Italien flohen und Arbeit in der reichen Schweiz suchten, kam er 1965 ins Emmental. Micieli ist viersprachig, neben dem albanischen Dialekt seines Heimatdorfes und dem Italienischen lernte er in seiner Kindheit noch Schweizerdeutsch und entdeckte schließlich das Deutsch der Literatur. Und wenn man Micielis Biografie nur bis hierher folgt, wird doch keinesfalls daran zu zweifeln sein, dass wir es

2 Vgl. zu dieser Interpretation seiner Erzählung von *Peter Schlemihl* Walter Schmitz: ›Literatur der Migration‹ – Kultureller Rahmen und ›literarisches Feld‹. In: Ders., Handbuch ›Literatur der Migration‹ (wie Anm. 1).

mit einem ›schreibenden Ausländer‹, einem Vertreter der Migrantenliteratur zu tun haben, einem ›deutschschreibenden Autor nichtdeutscher Muttersprache (um auch noch die langjährige Beschreibungsformel des Chamisso-Preises zu zitieren, der Francesco Micieli denn auch im Jahr 2002 als Förderpreis verliehen wurde – »Preis für das Fremdsein«).[3] So schnell also bieten sich Etiketten an.

Folgt man dieser autobiografischen Spur nun noch weiter in das Universum der Texte hinein, so bieten sich manche Funde an. In den Texten Micielis finden sich immer wieder Motive und Themen und Verweise, die zur Biografie des Autors hinführen. Selbstverständlich begegnen uns hier Ich-Erzähler ›mit Migrationshintergrund‹ – und der wiederum ist dem des Autors zum Verwechseln ähnlich. In dem Band *Meine italienische Reise* wird eine der für die Literatur der Migration so bezeichnenden Rückkehrreisen geschildert, die den Erzähler, einen Schweizer Schriftsteller, der Werke geschrieben hat, die wir in Micielis Schriftenverzeichnis wiederfinden, nun zum Begräbnis seiner Mutter führt – und zwar nicht in ein diffuses Süditalien, sondern in ein Dorf Santa Sofia. In den späteren Texten, so in *Schwazzenbach*, kehrt der Ich-Erzähler in die Landschaft seiner Kindheit und seiner Jugend zurück, es ist das Schweizerische Emmental, wie bei Francesco Micieli zu erwarten. So ganz passgenau freilich sind die Erzählungen nicht. Es sind keine Autobiografien; immerhin scheinen sie autofiktional zu sein.[4] Micieli hat dies genauer und persönlicher gefasst – zu Beginn seines Essays *Mein (em)mentaler Lebenslauf*: »Schreiben«, so der Ausgangssatz, »hat mit Verletzung zu tun. Meine grosse Verletzung [...] ist die erzwungene Auswanderung aus dem Italien meiner Kindheit, genauer aus Santa Sofia

3 Vgl. Francesco Micieli: Der Preis für das Fremdsein. Dankesrede anlässlich der Verleihung des Förderpreises zum Adelbert-von-Chamisso-Preis. In: Jahrbuch der Bayerischen Akademie der schönen Künste 16 (2002), S. 523–527; der Titel verweist doppelsinnig zum festlichen Anlass, passend zur Rede auch darauf, dass das ›Fremdsein‹ eben seinen Preis hat.

4 Vgl. zum Konzept der (interkulturellen) Autofiktion Klaus Schenk: Fiktion und Autofiktion bei Libuše Moníková. In: Mitteleuropa. Kontake und Kontroversen. Dokumentation des II. Kongresses des Mitteleuropäischen Germanistenverbandes (MGV) in Olmütz. Hg. v. Ingeborg Fiala-Fürst/Jürgen Joachimsthaler/Walter Schmitz. Dresden: Thelem 2013, S. 344–351, hier S. 345f.: »Die Grenzen zwischen Fiktionalität und Referentialität werden verwischt in Grenzfällen wie einem Roman, dessen Protagonist wie der Autor heißt. [...] Beobachten lässt sich, dass diese Übergänge gerade auch von Autoren genutzt werden, die einen polynationalen und transkulturellen Literaturbegriff vertreten, wie vor allem bei Autoren, die sich mit den Erfahrungen von Migration und Exil auseinandersetzen.«

meiner Kindheit. *Daraus ist eine Lust entstanden, aus meiner Biografie zu schöpfen und mit ihr zu spielen – sie immer wieder* anders *zusammenzusetzen, neu zu erfinden.*«[5] Und es folgt ein *möglicher* Lebenslauf. Diese Erfahrung, dass Mögliches im Erzählen wirklich wird als eine andere Wirklichkeit – sie gilt es gegen die Routinen jener Welt- und Lebenssimulation zu bewahren, wie sie in postmoderner Medialität geläufig sind. Von der »Mode der Autofiktion« hat sich der Erzähler in *Schwazzenbach* denn auch ausdrücklich distanziert (SCHw, S. 47); sein Name lautet nicht Francesco, sondern Angelo – und der wiederum ist den Lesern Micielis bereits bekannt: Denn in jenem ersten Prosabuch *Ich weiss nur, dass mein Vater grosse Hände hat* gab es einen Freund, der »heisst Angelo« (VgH, S. 30); und das Erzähler-Ich erinnert sich zudem an seinen Bruder, der Angelo heisst – »wie mein Grossvater« (S. 17). Wenn wir gar dem Autor Francesco Micieli selbst im folgenden Buch *Der Agent der kleinen Dinge* begegnen wollten, so nur in potenzierter Verfremdung: Denn in einem autofiktionalen Text wäre der Autor Micieli allenfalls jener Erzähler des ersten Abschnitts, der wiederum Angelo einführt, der zum Erzähler wird und zur Titelfigur, dem ›Agenten der kleinen Dinge‹, der wiederum eine verfremdete Replik auf eine literarische Figur ist und zum Handelnden in einer Detektivgeschichte wird, die tatsächlich so klingt, als könnte sie nur von Angelo erfunden sein: »Nichts war,« so spürt er schließlich, »eine Folge von etwas anderem. Alles ist fraktal.« (S. 101) Dementiert sind damit die Regeln des traditionellen Erzählens gerade auch des Detektivgenres, in dem ja alles auf einen schlüssigen Zusammenhang ankommt, den der Detektiv entschlüsselt. Angelo aber, in einer schlechthin »unmöglichen Situation« als Resultat seiner Recherche »erinnerte sich daran, dass in der Schule das Ende der Erzählung und des Romans gefordert wurde, danach kam das Ende des Erzählers und wenig später sprach man vom Tod des Autors. / Er fragte sich, ob er als Agent auch am Ende war.« (S. 98) Seine Antwort haben wir bereits kennengelernt. – Spürt man dann den eigentümlichen Erzählerfiguren Micielis aber wiederum weiter und noch genauer nach, so findet sich immer wieder eine Selbsterkenntnis, die zugleich zurückverweist in die klassische Moderne: Ich ist ein anderer. So hatte es Arthur Rimbaud formuliert; Micieli zitiert diesen gelegentlich: »Ich bin ein anderer« – so lautet Nicolas Resüme in *Blues.Himmel* (S. 14), nachdem »er vor dem Spiegel keine Gemeinsamkeit mehr mit seinem Bild erkennen

5 Francesco Micieli: Mein (em)mentaler Lebenslauf. In: Texte (wie Anm. 1), S. 38–45, hier S. 38.

konnte« (S. 12); in solchen Spiegelszenen wird ja immer neu in der ›Moderne‹ Identität verhandelt – und im Wortsinn ›reflektiert‹. – »Ich war ein anderer und musste dafür keine Rechenschaft ablegen«, klingt es fast erleichtert in *Schwazzenbach* (S. 86) – Und dies gilt auch für die weiblichen Erzählfiguren: »Ich ist eine andere geworden [...]«, weiß die Frau in *Liebe im Klimawandel* (VI, S. 11). – Mittlerweile ist Rimbauds Formel in ihren vielfältigen Variationen geradezu eine routinierte Maxime anspruchsvoller Literatur geworden, doch wie stets im Schreiben von Francesco Micieli so gilt auch hier: Mit der Routine des Lesens, und sei es auch eines avantgardistisch geschulten Lesens, ist den gleitenden Identitäten seiner Erzähl(er)figuren nicht beizukommen. Was man lange schon verstanden zu haben glaubt, das wird vielmehr in Micielis Prosa erst einmal präzise beim Wort genommen und damit ›anders‹.

Andersheit setzt immer eine Identität voraus. Sie wird im Alltagsgebrauch als Abweichung begriffen – bis hin zu jener Fremdheit, die in der jüngeren Geschichte deutschsprachiger Literatur vor allem auch den schreibenden MigrantInnen vorbehalten zu sein scheint. Sie haben ihre Heimat verlassen, sie haben ihre Sprache gewechselt. Nun sind sie eben andere geworden. So wäre auch Micieli, der Migrant, jetzt ›ein anderer‹ mit einer ›anderen Identität‹ als der heimatlichen. Wenn man es sich angewöhnt hat, Rimbauds Formel derart auf einen schlichten Identitätswechsel zu beziehen, so dass ein Ich – sei es durch die Erfahrung des Schreibens, sei es durch andere, gar verstörende Erfahrungen, wie sie das 20. Jahrhundert ja vielfältig bereithielt – plötzlich als ›ein anderer‹ sich wiederfindet, so greift dies allerdings zu kurz. Denn sogar jene Identitätsbehauptung, die sich auch in dem Bekenntnis, ein anderer zu sein, noch immer verbirgt – sie wird in Micielis Schreiben radikal aufgelöst. Hier bedeutet das scheinbar schwache Hilfsverb ›ist‹ eine genaue und unentrinnbare Identifizierung: Ich *ist* nichts als ein anderer – und damit verschwindet das Ich selbst; denn wenn Ich ein anderer ist, wer kann dann der andere, der ja nur in Bezug auf das Ich überhaupt bestimmt werden kann, dann noch sein? Andersheit wird – bei Micieli – zu einer Kategorie, die Existentielles, Soziales und Poetologisches miteinander verbindet, ohne sich in einem dieser Welt- und Lebensbereiche wieder auflösen zu lassen. Die Andersheit der Literatur von Francesco Micieli verwirklicht sich nur in dieser Literatur selbst.

Es lohnt sich demnach, Micielis Erzählerfiguren detektivisch nachzuspüren, zeigt sich dann doch bald, dass die Konstruktion des Erzählens eben darauf angelegt ist, jede sichere Identifikation, sei es nun eines Ichs, sei es eines anderen, zu vermeiden. Die besondere Schreibweise bietet so einen Befund, der sich in eine andere Sprache nicht übersetzen lässt; es geht unausweichlich um eine Lektüreerfahrung, die Erfahrung einer unmittelbaren Präsenz des Erzählers, die zugleich eben durch die Erzählsituation als unmöglich charakterisiert wird. Diesen Schwebezustand bringt bereits Micielis Erstling *Tagebuch eines Kindes* hervor. Und der Schweizer Schriftsteller Walter Vogt hat dies auch in seinem Nachwort offengelegt: »Tagebuch eines Kindes also. Gut, aber welches Kindes? Des Kindes, das in dem Tagebuch vorkommt, sich darstellt, angeblich, und das es bestimmt nicht geschrieben hat; oder des Kindes, das einmal dieses Kind war, angeblich, das diese Prosa runde zwanzig Jahre später geschrieben hat, und das in den Texten bestimmt nicht vorkommt, keinesfalls als Figur, allenfalls als Autor, als Person hinter dem Personnage. Ich-Geschichten, aber das Ich der Geschichten ist nicht identisch mit dem Ich dessen, der sie aufschreibt, das Erzähler-Ich ist ein früheres, ein erinnertes Ich, ein Vorgänger des Schreiber-Ichs, genau genommen ein imaginiertes Ich.«[6] Und dieses Ich schreibt in einer Sprache, die dem Kind noch fremd war: So ist das Tagebuch – sonst eine Leitform authentischen Ich-Ausdrucks – hier eine ›Übersetzung‹ und verbindet damit Identität und Ungewissheit, ein Dokument des Fremd-Seins.

Caterina, die Ich-Erzählerin im folgenden Band *Das Lachen der Schafe*, ist offenbar die Mutter des Kindes, dessen Tagebuch bereits unter der Autorschaft Francesco Micielis veröffentlicht wurde. Es baut sich eine Familie in Micielis Textuniversum auf. Doch Caterina, die Erzählerin, ist nicht die Autorin des geschriebenen Textes. Eine Sprache des Erzählens gehört wohl zunächst einmal ihr, doch an eine andere Person ist die Schrift delegiert, an den Schreiber – und indem der Schreiber Caterinas Erzählung aufschreibt, wird sie verändert und wird der Erzählerin gleichsam weggenommen: »Diese Sprache ist nicht meine Sprache. Es ist des Schreibers Sprache. Dieses Buch ist nicht mein Buch. Es ist des Schreibers Buch. Ich heisse Caterina. Ich habe keine Sprache, nur Sprachfetzen. Ich kann nicht lesen. Ich kann nicht schreiben.« (S. 5) So handelt das Prosabuch letztlich vom Begehren der Schrift nach Mündlichkeit, ein

6 Walter Vogt: Nachwort. In: VgH, S. 95–98, hier S. 95f.

Begehren, das sich nur in einer doppelten ›Übersetzung‹ – dem Wechsel des ›Codes‹ und dem Wechsel der Sprache – erfüllen lässt.[7] Ein abstraktes Thema, das so nicht auszuformulieren ist, sondern sich eben aus der Konstellation und den Wahrnehmungen Caterinas, wie sie ihren Weg in den Text des Schreibers finden, ablesen lässt – als die fast verdeckte Spur einer ›anderen‹ als der erzählten Frau. Der Schreiber, so Caterina, »will meine Geschichte. Wenn er sie schreibt, stellt er sich vor, mich zu sein.« (S. 8) So erschreibt sich der Schreibende, der ein anderer ist, eben nur eine geborgte Identität. Er ist, wenn er schreibt, nicht das ›Ich‹, sondern in diesem Fall ›eine Andere‹, die er aber zugleich nicht sein kann, da er ja nur ihre mündliche Erzählung in der Schrift simuliert. Doch eine enge Beziehung zur be- und erschriebenen Figur besteht durchaus: »Der Schreiber hat noch nie ein Buch geschrieben. *Ich bin sein erstes Buch*, deshalb hat er mich lieb und kommt zu mir.«[8] – Später, im folgenden Buch Micielis, erfährt man mehr über den – mittlerweile verstorbenen (!) – Schreiber: Ein Sonderling war er im italienischen Santa Sofia; »er, der Schreiber, hatte noch nie ein Buch geschrieben. Gedanken nur, […] Ganze Bücher im Kopf.« Allerdings fanden sich in seinem Nachlass Fotokopien, »die einem gewissen B. gehörten […]. Diese trugen den etwas seltsamen Titel »Können Schafe lachen?« und bestanden im Übrigen aus photokopiertem Weiss. Daraus«, so gesteht nun der Erzähler von *Meine italienische Reise* (S. 66), »entstand später mein zweites Buch« – schwarz auf weiß, Schrift ohne Lebensstoff, die ein Leben er-schreibt. Der Schreiber ging auf in der Schrift: »Immer schrieb er, lebte er und erlebte er nur schreibend. Geschah etwas auf der Welt, war der Roman schon da, die Kritiken auch.« Und der ›zweite Schreiber‹, der dieses Dasein des ersten beschreibt, bietet weitere Stichworte, die sich an umfassende Poetiken, wie sie andernorts in der zeitgenössischen Literatur verhandelt werden, ohne weiteres anschließen lassen – existenzielles Leid, Ästhetizismus (also Literatur als Lebenssurrogat), eine

7 Vgl. Hans Ulrich Probst: »Sprache, langsam eroberte Heimat« oder »Nun sind wir Fremde überall«. Laudatio auf Francesco Micieli. In: Jahrbuch der Bayerischen Akademie der schönen Künste 16 (2002), S. 517–521, hier S. 519: Die »Authentizität der gelebten Erfahrung Caterinas [wird] doppelt gebrochen, dadurch, daß der ›Schreiber‹, was Caterina spricht, in Schrift faßt, und dadurch, daß dies in den Worten einer anderen Sprache, des Deutschen geschieht, alles also übersetzt wird«. – Weiter, etwas anders perspektiviert, die Bemerkung Sofias, der Buch-Erzählerin in *Am Strand ein Buch*: »Ein Leben als mündliche Erzählung, mit dem ich gebrochen habe. Was mich fremd machte.« (StB, S. 21)

8 LSch, S. 8; Hervorhebung der Identifikation des ›Ich‹ mit dem ›Buch‹: WS.

Haltung der Kritik und eine Ästhetik der Übertreibung, die aus dem gewöhnlichen Leben das ›Andere‹ als Kunst freisetzt: »Er blieb kritisch, trotz der ländlichen Idylle. Er litt. Er litt viel. Auch glücklich war er unglücklich. Übertreibung, wusste er, ist die Kunst.« (MiR, S. 67) – In Micielis zweitem Erzählexperiment aber ist ja in die Konstellation der Stimmen nicht bloß die Differenz von Oralität und Schriftkultur, sondern – damit verschränkt – diejenige von ›weiblich‹ und ›männlich‹ eingebracht.[9] Zudem hat der Autor mit ›Mutter‹ und ›Kind‹ eine elementare Erzählfamilie geschaffen – der Vater wird in Micielis Œuvre soweit nie die Erzählerstimme erhalten; doch gibt er dem Erzähler in *Meine italienische Reise* – offenbar das jetzt erwachsene Kind, dessen Tagebuch in Micielis Prosadebut veröffentlicht wurde – den Auftrag, dieses Reisebuch zu schreiben – denn er sieht sich in den vorangegangenen Büchern nicht wahrheitsgetreu dargestellt: »[A]ber lüg nicht wieder soviel wie in den beiden ersten Büchern.« – »Ich liebe die Lügen.« (MiR, S. 65) Denn bekanntlich lügen die Dichter – und gerade so sagen sie die Wahrheit.[10] Der Erzähler also schildert seine Reise gemeinsam mit seinem Vater zurück an den Herkunftsort Santa Sofia d'Epiro. Die Mutter des Erzählers – Caterina – ist verstorben und wird ins Heimatdorf zur Beerdigung überführt. Es ist eine Reise der Erinnerung – zurück in eine Heimat, die keine mehr ist. – Zurückleben – »[i]n den Ursprung. / In die Herkunft« – das erweist sich als unmöglich. (S. 49) Als unmöglich erweist sich auch ein Lebensmodell der heilen Familie: »Eine Frau verlässt ihren Mann« (S. 57) – und zwar auf immer; der Tod Caterinas entzieht sie unwiderruflich der Tyrannei ihres Ehemannes. Und Vater und Sohn finden jetzt erst recht nicht zueinander, sondern sie erfahren nur ihre gegenseitige Fremdheit: »Ich weiss nicht, was mein Vater sieht, ich habe ihn verloren, wir haben nicht dieselbe Reise gemacht.« (S. 77) Ihre Beziehung hat sich verändert: Jetzt, so erkennt der Reisende, sind »die Hände des Vaters [...] nicht mehr so gross« (S. 85), weder so beeindruckend noch so furchteinflößend wie für das Kind; damit wäre eine Vorstellung zu revidieren: »Wenn ich meinen Vater anschaue, frage ich mich nach seiner Geschichte.« (S. 28) Doch zwischen den beiden, Vater und Sohn, »ist wenig Sprache. [...] Die Zeit seiner Befehlssätze ist vorbei,

9 Vgl. den Hinweis des kindlichen Erzählers in *Ich weiss nur dass mein Vater grosse Hände hat*: »Meine Mutter kann nicht lesen.« (S. 14)

10 Zu diesem Leitmotiv, das auch in der Poetik des Autors Micieli wiederkehrt, vgl. hier nur seinen Essay: Ich habe mich lügend in die (bern-)deutsche Sprache gestohlen. In: Texte (wie Anm. 1), S. 27–37.

lange schon. Die Schläge seines Gurtes auf meiner Haut, lange her.« (S. 10) Die beiden verlassen das Dorf, »wortlos« (S. 85), und das Buch endet mit der Abreise des Sohnes, Abschiedsworten aus dem Zug, wie ein »Film des Neorealismo« (S. 94), eine Szene, die ihnen nicht eigen, sondern die aus einem ›anderen‹, allgemeinen Medium geborgt ist; es ist eine Szene der Lebensentfremdung.

Nachdem sich seine ersten drei veröffentlichten Werke zur Trilogie einer ›Erzählfamilie‹ gerundet hatten, setzt Micieli neu ein, experimentiert mit der Erzählinstanz. Die nur scheinbar einfache Ich-Erzählposition der Trilogie wird schon mit *Blues.Himmel. Ein Album* (2000) verlassen.

Klaus, der Ich-Erzähler, der »nach seiner Trilogie einer Emigration ein neues Schreibthema suchte« und in einer Krise steckt (S. 7), seine Lebensgefährtin Irho und schließlich Nicola, ein Musiker, den Klaus bei sich aufnimmt, bilden die Dreieckskonstellation der Hauptpersonen. Das Motto von Edmond Jabès lässt das Thema dieses Albums anklingen: »Ist nicht jedes Buch / die drollige oder tragische Geschichte / vom Verlust eines Buches?« »Blues.Himmel. Ein Album« ist der Titel jenes Buches, das Klaus nicht schreiben kann; Micielis Buch handelt von der Geschichte seiner Nichtentstehung. In seiner Desorientiertheit findet Klaus zufällig eine weggeworfene Ankündigung eines Konzertes mit Nicola F., einem – wie sich später herausstellt, rauschgiftsüchtigen – Musiker, und ihm ist augenblicklich klar: »Nicola F. würde sein neues Buch werden« (S. 10); »Klaus wollte ein Buch über einen Musiker schreiben, damit er endlich von seiner unverkaufbaren Unterhundthematik loskam.« (S. 25) Von nun an rückt jede der drei Personen in ständigem Perspektivenwechsel ins Zentrum. Sie alle sind desorientiert. Klaus, so zeigt sich, wird es nie gelingen, sein Buch zu schreiben und zu den »Spitzen-Hunde[n]« aufzuschließen (S. 97). Er ist »ein Unterhund« und kennt »nur Unterhunde« (ebd.). Ihm fehle, so Nicola, »die Mystik, die Religion und der Atem« (S. 97). Aber auch »Nicola wusste nicht mehr, ob seine Geschichte wirklich zu ihm gehörte« (S. 12). Keiner von beiden, weder Klaus noch Nicola, erkennt sein Spiegelbild. Vergebens aber versucht Nicola »[g] egen sein Bild an[zu]kämpfen«.[11] Denn mag er auch die Doppelung im Spiegel nicht hinnehmen: Es lässt sich nicht mehr verbergen, dass sogar Klaus und Nicola nur zwei Seiten derselben Person sind: »Ich nenne dich Nicola, mich nenne ich Klaus« (S. 19), heißt es in einem

11 Vgl. BlH, S. 13; offenkundig ist der intertextuelle Bezug zum sog. ›Bildnisverbot‹ im Werk Max Frischs, also die säkular auf den ›anderen‹ Menschen bezogene Aneignung des biblischen Gebotes ›Du sollst Dir kein Bildnis machen von Gott‹.

Akt der Namensgebung, der einem allwissenden Erzähler zukäme oder eben einem Autor, dessen von ihm geschaffene Figur ihm autonom entgegentritt.[12] Nicolas vorgebliche Persönlichkeitsdissoziation ist nur die Chiffre jener Fragmentarik, die ihn und Klaus verbindet, so dass die beiden sich schließlich auch »immer mehr« (S. 96) gleichen. Zuletzt finden sie sich in einem Bild, das trennt und zugleich vereint – und: »Klaus hatte gelächelt. Nicola hatte ihn und sich in einem *Spiegeleffekt* in einem Schaufenster entdeckt. Er hatte etwas wie Heimat gefühlt.« (S. 104) Die ›Schweiz als Heimat‹ erscheint hier nur annähernd – ›etwas wie‹ – aufgrund eines Spiegeleffektes, der die beiden Komplementärfiguren, die jeweils der ›andere‹ für den anderen sind, einmal in einem Bild vereint. So wird dieses Spiegelbild auch zur poetologischen Metapher für die Wirkung des Schreibens in der Fremde. – Und auch die jenen beiden verliehenen Namen sind abermals nur Fragmente des Vollständigen: Klaus der deutsche Anteil, Nicola ein italienischer; beide Namens-Fraktale vereint aber würden einen ›urheimischen‹ Namen ergeben, wie ihn etwa eine Schweizer Nationalikone wie Nikolaus von der Flüe zu recht trägt; vielleicht hieße ›Nikolaus‹ dann auch ein würdiger, schöpferischer italienisch-deutscher Schweizerdichter. In Micielis Buch bleiben diese Komplementärfiguren offenbar nur die Aufspaltung einer einzigen, die sich nicht erzählen lässt. Die Dissoziation der Erzählinstanz lässt für uns eine Poetik der Gefährdung lesbar werden. Neben Klaus, dem Scheiternden, der gleichsam die unter bürgerlicher Perspektive wahrnehmbare Seite des einheimischen Schriftstellers verkörpert, steht Nicola, der Ausländer und damit der Gefährdete, der indes den schöpferischen Rausch erfährt – und sei es durch Drogen – und dem sich die Musik jenseits der Sprache erschließt; er verkörpert die psychische Extremlage des Schaffens – und sei sie bis zu jener Persönlichkeitsspaltung gesteigert, die der Bürger Wahnsinn nennt und klinisch zu behandeln sucht. Der ›welthaltige Roman‹ wird so zum Innentheater eines Schreibenden: Klaus repräsentiert die Schreibkrise, Nicola den Wahnsinn und Rausch, die von jeher dem Dichter zugeschrieben werden. Hier freilich in einer Schweizer Variante: Immer wieder findet er sich in der Klinik

12 So hatte Goethe eingangs seines Romans *Die Wahlverwandtschaften* seine Autormacht ausgeübt: »Eduard – so nennen wir einen reichen Baron im besten Mannesalter – […]« (Johann Wolfgang von Goethe: Die Wahlverwandtschaften. Ein Roman. [=] Werke. Hamburger Ausgabe in 14 Bänden. Hg. v. Erich Trunz. München: dtv 2000, Bd. 6, S. 242–490, hier S. 242. – Zu Max Frischs Roman *Mein Name sei Gantenbein*, der diesen Akt der schöpferischen Figurentaufe absolut setzt – aber eben nur noch im Konjunktiv – vgl. unten.

Waldau, in einer Reihe mit Robert Walser, dem berühmten Insassen der Heilanstalt, wie mit Walter Vogt, dem Schriftsteller und Psychiater, der Micielis Debut ja mit einem Nachwort in die Öffentlichkeit geleitet hatte (S. 19). – Ambivalent bleibt dann auch der Titel des Buches, zeigt nicht das Hoffnungs-Blau des ›Himmels‹, sondern nennt den Blues, der dem Musiker Nicola zukommt; dies schließt sich nicht zu jener einstimmigen Überschrift, die über einem einheitlichen Werk stehen könnte – und ebenso doppelsinnig gespalten schließlich auch der Untertitel: einmal auf ein Album mit Bildern und Texten verweisend, zum anderen auf jenes Schallplatten-›Album‹, welches die lebendige Musik des Blues nur reproduziert vorrätig hält.[13]

Mit anscheinend konventioneller Titelgebung verspricht Micielis folgender Prosaband Beruhigung: Es soll sich, wie der Untertitel versichert, schlichtweg um eine ›Erzählung‹ handeln. Doch der Haupttitel *Am Strand ein Buch* stiftet wieder vorab eine paradoxe Metabeziehung: Nicht etwa von einem Buch, das am Strand zu finden wäre, wird erzählt, sondern der Weg an die Grenze zwischen Land und Meer, dieser Weg ›am Strand‹ lässt jenes ›Buch‹ entstehen, dass dann in der Erzählung für die Leser verwirklicht wird. Erzählt wird das Gegenstück zur ›italienischen Reise‹ jenes männlichen Ich-Erzählers – jetzt komplementär aus der Sicht einer Frau, Sofia, einer »Seconda mit Schweizer Pass«, die »sich nach dem Tod ihrer Eltern an den grossen Traum der Mutter [erinnert]: Eine Reise nach Albanien, dem Land, welches ihre Vorfahren vor mehr als 500 Jahren verlassen hatten, und das noch heute in Liedern und Erzählungen als ›verlorene Heimat‹ besungen wird. [...] Francesco Micieli erzählt in *Am Strand ein Buch* die Suche und den Verlust von Heimat. Es ist ein poetischer, intensiver, zugleich ›stiller‹ Text über eine Protagonistin, die sich reisend ihrer Herkunft versichert.« So der Klappentext des Buches. Sofias Vorname wiederum ist ja identisch mit dem Namen eben des Heimatdorfes, welches das Ziel jener besonderen italienischen Reise war, die der Erzähler von Micielis *Meine italienische Reise* nach Santa Sofia d'Epiro mit dem Leichnam seiner Mutter angetreten hatte.

13 Vgl. zu dieser poetologischen Metapher Daniel Rothenbühler: Im Fremdsein vertraut. Zur Literatur der zweiten Generation von Einwanderern in der deutschsprachigen Schweiz: Francesco Micieli, Franco Supino, Aglaja Veteranyi. In: Migrationsliteratur. Schreibweisen einer interkulturellen Moderne. Hg. v. Klaus Schenk/Almut Todorow/Milan Tvrdík. Tübingen/Basel: Francke 2004, S. 51–78, hier S. 63f. – Ergänzend ist wiederum auf das Werk Max Frischs zu verweisen, vgl. dazu künftig meine Studie: Leben und Schreiben. Max Frisch: Werkbiographie (1931–1989). Dresden: Thelem (i. V. für 2016).

Sofia erzählt ihre ›albanische Reise‹ – die Erkundung einer ›Heimat‹, die vor jener süditalienischen, die ebenfalls nicht mehr aufzufinden war, noch weiter in der Tiefe der Zeit verschollen ist. Sofia bricht aus allem, was man für heimatlich halten könnte, aus. Und ihre albanische Reise wiederum ergänzt sich mit jener italienischen gleichsam zum Verlustuniversum auch des Autors Francesco Micieli, der ja in seiner Kindheit die ›Heimat‹ in Italien, vor langer Zeit aber mit allen Arbëresh die ›Heimat‹ in Albanien verlor. So wird Sofias Stimme im ›Buch‹ denn auch ergänzt um die zweite Stimme eines Er-Erzählers. ›Heimat‹ ist ein Wort im Œuvre Micielis, das – so wie der ›Andere‹ – eine radikale Abwesenheit bezeichnet.[14]

Für Sofias Reise gibt es kein Ziel im Raum, wohl aber schließt sich ein Zirkel der Zeit, denn – kontrastierend zur endgültigen Trennung des männlichen Erzählers von seinem Vater in *Meine italienische Reise* – gelingt es Sofia, der Frau, ein Vermächtnis ihrer Mutter gleichsam einzulösen: »Sofia glaubt, dass nur wenn sie die Reise von Albanien nach Süditalien so realistisch wie möglich nacherlebt, sie dem Wunsch der Mutter entsprechen kann.«[15] Sie übernimmt dabei das Lebensmuster des Fremden, des Flüchtlings; denn die Flucht über das Meer wiederholt sich – eben jetzt: »Niemand«, so heißt es, »kann, ohne zu Tränen gerührt zu sein, in die Häfen Italiens blicken zu diesen Flüchtlingen, die hungrig, schlecht angezogen und ihrer Heimat entrissen an den Meeresküsten die Arme zum Himmel hoch strecken und in einer Sprache, die wir nicht verstehen, weinen und sich beklagen«. (StB, S. 91) Und wie ein Flüchtling überquert denn auch Sofia auf einem dieser

14 Vgl. als eine Art – vorläufiges – Resümee die Reflexionen Angelos (AdK, S. 24f.): »Denke ich an eine Landschaft, an einen Ort, den ich als Ort meiner Heimat bestimmen könnte, kommt mir nichts in den Sinn. Ich habe keine Bindung zum *Ursprungsort* meiner Mutter oder dem meines Vaters. [...] Ich besass keinen Ort, an welchen ich *zurückkehren* mochte. Keinen Ort der *Sehnsucht*. Ich war so weit gekommen, dass ich meine Entstehungsgeschichte *umschreiben oder immer wieder neu erfinden musste. Identität* blieb nur ein schwer aussprechbares *Fremd*wort.« (Hervorhebungen WS) Diese Neuerfindung der Herkunft verkehrt die bis dahin gängige Herkunftslegende in Micielis Büchern; jetzt sind die Eltern Schweizer Touristen, die in Kalabrien aller Identitätspapiere beraubt in S. Sofia d'Epiro Zuflucht finden und wegen ihres unverständlichen Berndeutsch für »eine seltene Art Italo-Albaner« gehalten werden, »die ein besonders altes Albanisch sprachen«. Ohne Arbeit wandern sie ins Emmental aus, wo man es für einen »hinterlistige[n] Mafiatrick dieser Tschinggen« hält, dass sie »kaum [...] im Land angekommen, schon die Sprache der Einheimischen sprachen: gutes, schönes Berndeutsch.« (AdK, S. 25)

15 StB, Klappentext.

›Boote der Hoffnung‹ die Adria »und landet an jenem Strand, an dem sie im September 2001 Ferien gemacht und ein Schiff mit kurdischen Flüchtlingen entdeckt hat. Sie stellt sich vor, wie die Carabinieri ihre Geschichte nicht glauben und sie nach Albanien zurückgeschickt wird, um in der ›ursprünglichen Heimat‹ eine Fremde zu werden.«[16] Indem Sofia ihre bürgerliche Erfolgsidentität aufgibt und sich mit denen identifiziert, die keine Heimat und keine Identität mehr haben, wird sie aber wahrhaft zur Tochter ihrer Mutter. Mit sich selbst als einer Fremden, als einer Anderen identisch sein – darauf verweist der offene Schluss eines Buches, das seinen Platz nur im Grenzraum am Strand haben kann.

III. Andere Wirklichkeit

Ausgemessen ist das Erzähluniversum des Francesco Micieli mit dieser Skizze zu seinen ersten Büchern keineswegs, aber es zeichnen sich doch jene Linien ab, welche die weiteren Dimensionen seines Erzählens erschließen: *Liebe im Klimawandel* zunächst, das Experiment mit einem Erzählpaar, das eine Apokalypse für zwei erlebt, in einer abgeschiedenen Berghütte von steigendem Wasser umgeben – das letzte oder das erste Menschenpaar? *Schwazzenbach*, die Erkundung der Kindheitslandschaft des Erzählers, einer Heimat, die sich dank der Initiative des Nationalrats Schwarzenbach politisiert, um die Fremden endlich von der schönen Schweiz fernzuhalten, und schließlich *Der Agent der kleinen Dinge*, jener Detektiv, der wiederum im ehedem heimatlichen Emmental die Lösung eines Rätsels sucht, aber nur seine rätselhaft ›fraktale‹ Identität findet. – Auch das Paar, das in den späteren Erzählexperimenten Micielis immer wieder in Liebe getrennt, in Feindschaft vereint erkundet wird, hält die Verbindung zu jener Urszene des Erzählens und jener elementaren Einheit aufrecht, aus der sich Lebensgeschichte entwickelt: Das ist in Micielis Werk die Familie. Die Familie in der Vergangenheit der Kindheitsfremde – oder in einer Zukunft, die nicht kommt. In jedem Fall: Die Familie bietet keine Heimat, sie ist gefährdet, heillos, zerrüttet und zerbrochen. Schon das Kind, das Tagebuch schreibt, notiert: »ich kenne meinen Vater nicht. – ich weiss nur, dass er grosse Hände hat – und einen Schnauzbart.« (VgH, S. 7) Freilich, der Grund für die Entfremdung vom Vater liegt nicht nur in der Familie selbst, sondern in ihrer wirtschaftlichen

16 Ebd.

Situation, denn sie trieb den Vater ›ins Ausland‹ (S. 6). So wird er der Familie fremd, und schließlich hat sich diese Fremdheit generalisiert: »Ich kenne meine Eltern nicht mehr. Sie sind wie fremde Leute, die viele Geschenke bringen.« (S. 78) Während die Fremdheit erzählender wie erzählter Figuren überhaupt erst die Freiheit des Erzählens und damit des Poetischen schafft, wird diese Freiheit konterkariert von jenen sozialen Fixierungen, die den Fremden als den ›Anderen‹ benötigen, um sich in der eigenen (Pseudo-)Identität zu verschanzen. In der zweiten Dresdner Poetikvorlesung Micielis gewinnt der Wunsch, ein anderer zu sein, selbst eine andere, ungewohnte Bedeutung, ausgelöst von einer »gerechten Wut« angesichts der Selbstgerechtigkeit der »europäische[n] Volksparteien« gegenüber dem ›Fremden‹, dem ›Gast‹, den sie nur aus dem Land schaffen wollen, je schneller, je lieber: »In solchen Situationen möchte ich einen urheimischen Namen haben: *Ich ein Anderer*, ich Franz Michel. Franz Michel und die Ira, der Zorn. Franz Zorn, ich.« Leitet der Akt der Namensgebung sonst ein Spiel der Freiheit mit ›Identität‹ ein, erlaubt Verfremdung und Fremdheit, so mündet er – im Rückgriff auf das Italienische, die ›Staatssprache‹ in Micielis Sprachbiographie – in eine zornige Identifizierung.[17] Wird ›Fremdheit‹ so zum Stigma, wäre das zornige Aufbegehren des Fremden legitim.

Solche Erfahrung von ›Fremde‹ zersetzt und zerstört selbst die elementaren menschlichen Beziehungen – ethisch, denn es herrschen Desinteresse, Unverständnis und Gewalt, und sogar genealogisch in der Familie, denn vielleicht werden ja die Eltern, die auf der Suche nach Arbeit ›ins Ausland‹ gingen und Fremde wurden, einmal ganz durch die Arbeitswelt überflüssig gemacht: »Eines Tages wird es keine Frauen und keine Männer mehr geben. / Die Kinder werden in Fabriken gemacht. […] Keine Mütter und keine Väter mehr.« (LSch, S. 100) So die Prognose in *Das Lachen der Schafe*. Es ist eine Prognose, die aus der Angst geboren ist: Denn Angst ist die einzig verlässliche Bindung zwischen Vater, Mutter und Kind. Zunächst die Angst des Kindes: Das

17 Zitate oben S. 37f. – ›Franz Zorn‹ hätte in der deutschsprachigen Literatur der Schweiz einen ›anderen‹ Namensverwandten: Fritz Zorn, dessen einziges Buch – autobiographisch – erst nach dem Tod des 32jährigen Autors erschien; er hatte es geschrieben, als er mit seiner Krebsdiagnose konfrontiert wurde, und er hatte den Namen des römischen Kriegsgottes Mars in den Titel seiner ›zornigen‹ Kriegserklärung gegen die Schweizer Gesellschaft gesetzt: »Ich bin jung, reich und gebildet; und ich bin unglücklich, neurotisch und allein« – so lautet der Eingang als Quintessenz einer Spurensuche des Erzählers, der in der eigenen Krankheit das Symptom einer kranken Gesellschaft erkennt.

Alleinsein, Verlassensein ist eine prägende Erfahrung der Kindheit in Micielis Erzähluniversum. Eltern werden durch ihr Bild ersetzt;[18] die Trennung des Kindes von den Eltern gipfelt im Motiv des eingesperrten Kindes. »Ist das sein Leben? Eingeschlossenes Leben in einem Zimmer, in einem nie gesehenen, fremden Land, mit einem kleinen Stück Himmel, das durch ein Dachfenster kommt.« (BlH, S. 67) Die Mutter, die nach dem Kind in Micielis Erzählwelt zu Wort kommt, spricht aus, was dem Kind unverständlich bleibt – es ist das Gesetz der Lohnarbeit der Armen in der Fremde: »Mein Sohn allein in der Wohnung. / Wir in der Fabrik.« (LSch, S. 17)

Doch wenn die Eltern da sind, verspricht das keineswegs Gutes; denn zumindest der Vater ist eine Schreckensfigur. Seine ›grossen Hände‹ schützen nicht, sind vielmehr Werkzeuge der Gewalt bis zu Prügelexzessen. Die Ängste des Kindes projizieren sich ins Mythische. Sie alle sind ja »verstossene[] Kinder der Eva« (LSch, S. 12), und Kannibalismus ist nur die letzte Konsequenz des Schicksals, das sie ohnehin erwartet: »Eine gebratene Tochter zum Hochzeitstag« (LSch, S. 44) – ein altes Märchenmotiv, das wiederkehrt in der Literatur der Migration: Aglaja Veteranyi, in der Schweiz zugewandert, dort lebend und schreibend, bis zu ihrem Selbstmord im Jahr 2002, hatte 1999 ihr Debut *Warum das Kind in der Polenta kocht* veröffentlicht.[19] Es ist wiederum der notgedrungene Heimatverlust der armen Arbeitswanderer, der auch im mythischen Modell bei Micieli die Gewalt auslöst: »Wir fressen unsere Heimat wie die Hexe ihre Kinder« – so wiederum Micieli (LSch, S. 64). – Bei einer jener Szenen häuslicher Gewalt jedoch fällt die Mutter dem Vater in den Arm, voller Angst, er habe den Sohn umgebracht: »Ich erwachte aus meinem Sterben, sah einen Mann und eine Frau, meine Eltern. Die Frau küsste mich weinend. Mein Sohn, nannte sie mich. [...] Ich war also Mensch und Mann geworden«, (MiR, S. 30) wie eine *Wiedergeburt* aus der Gewalt des Vaters – eine fortgeschriebene Urszene von der Entstehung des Lebens aus dem Familienbann. Aus dem Bann des Vaters geflohen, dank der Mutter gerettet, gewinnt der Sohn ein neues Leben, ist aber jetzt zur Selbstbestimmung gezwungen: »Wer wird er sein, wenn er sich nicht mehr in den Augen des Vaters spiegeln kann.« (MiR, S. 48) Er wird vor allem frei sein von der Identität eines

18 Vgl. VgH, S. 42.

19 Vgl. Laura Gieser: Heimatlose Literatur? Zum Werk von Aglaja Veteranyi. In: Germanica 38 (2006), S. 63–85. – Micielis Wertschätzung für Veteranyi ist vielfach mündlich – in Referaten und Diskussionen – bezeugt.

Objekts der Gewalt. Sein Vater bleibt ihm dennoch, »wie der Abdruck einer früheren Lebensgeschichte, die er nicht mehr wollte.« (BlH, S. 39)

Die Gewalt des Vaters richtet sich ebenso gegen die Mutter. Mädchen gelten ohnehin als minderwertig. Lesen und Schreiben brauchen sie nicht. »Bildung sei nichts für Weiber, schrie mein Vater, als ich zur Schule gehen wollte. Sein Stock heulte auf meine Haut.«[20] Der Vater ist der angsteinflößende Tyrann: »Ich werde ihn nie los. Heute noch habe ich Angst vor ihm.« (LSch, S. 14) So gesteht es sich noch die erwachsene Caterina, jetzt selbst Mutter, ein. Beschimpfungen sind üblich. »Meine Mutter ist eine Hure. / Ich bin eine Hure. / Sagt er.« (LSch, S. 43) So folgt die Sexualität denn auch dem Verhaltensmuster gegenüber Huren: »Als kleines Mädchen,« so erinnert sich Caterina, »schaute ich zu, wie der Vater die Mutter durch den ganzen Rebberg verfolgte, bis sie bewusstlos am Boden lag. / Ich staunte und weinte. / Er hob ihr den Rock hoch, legte sich auf sie und/ bewegte sich – auf und ab, auf und ab – wie wild. Sag, / dass du mich liebst, schrie er dazu. / Ich staunte und weinte.« (LSch, S. 67) Diese Szene bleibt das Muster der Beziehungen, die von Liebe nichts wissen.

Zeichneten sich schon in der ›Familientrilogie‹ auch die Paarbeziehungen zwischen den erwachsenen Erzählfiguren ab, so erzählen in *Liebe im Klimawandel* ein Mann und eine Frau im Wechsel, ein prekärer Prosanachklang des Wechselgesangs liebender Paare, wie ihn die Geschichte der deutschsprachigen Lyrik seit Jahrhunderten kennt. Getrennte Paare eben, die zusammenfinden, nur, um sich wieder zu trennen, die Erkundungen und die Unmöglichkeit der Liebe – das rückt jetzt in den Vordergrund der Erzählbühne, wenn es um Persönliches geht. Doch das Persönliche in Micielis Erzähluniversum ist nie privat – und gewiss nicht autobiografisch; wohl aber ist es eingebunden in Erfahrungen, die von politischen Entscheidungen und gesellschaftlichen Prozessen ausgelöst werden, deren Wirksamkeit – und damit letztlich auch: deren Wahrheit – hier am einzelnen Ich sich zeigt. Und wenn das Ich noch kein Anderer, aber jedenfalls schon ein Fremder ist, so gewinnt die Fremdenfeindlichkeit als eine aktualisierbare Konstante der Schweizer Geschichte gerade jetzt wieder ihre Aktualität. Die Heimkehr ins Emmental bedeutet für den Erzähler von *Schwazzenbach* eine

20 Dass Caterina daher zum Objekt der ›männlichen‹ Schrift wird, ist eine poetologische Spiegelung: Gleichsam entspricht so eine Vergewaltigung durch das Wort der konkreten Gewalt der Taten. Jedenfalls hätte Caterina »gerne begriffen, wie das ist mit unserer Welt« (LSch, S. 13).

Erinnerungsreise, und sie führt keineswegs in ein Kindheitsland, das Heimat war: »Ich will mich an die Zeit der Überfremdungsinitiative erinnern. Wäre sie angenommen worden damals, hätten 300 000 Italiener das Land verlassen müssen.« (S. 13) Denn die Schweizer fürchten die Fremden. Schon Max Frisch hatte dies 1965 in seinem ebenso kurzen wie wirkungsreichen Essay *Überfremdung* ins Licht der Öffentlichkeit gestellt und analysiert. Diese Angst kaschierte – so Max Frisch – vor allem die eigene Unsicherheit;[21] aus verdrängter Angst wollte man Identität verteidigen, indem das Andere kategorisch ausgeschlossen wurde – und damit zugleich die Zeitdimension der Veränderung, der Zukunft der Schweiz. Die Schweizer Identität beruht auf Heimatschutz aus Angst vor den Fremden: »Wir waren ein unbekanntes Etwas, das den Schweizern die Schweiz wegnahm.« So erinnert sich der Erzähler auf seiner Vergangenheitsreise in *Schwazzenbach* (S. 16). Der Nationalrat James Schwarzenbach hatte 1970 mit seiner Initiative einer Verschärfung des Ausländerrechts den Weg bereitet, auch wenn ihr zunächst der Erfolg versagt blieb. Die Schwarzenbach-Initiative sollte epochale Bedeutung erlangen, denn mit ihr hebt die sich seither fortsetzende und auch verschärfende ausländerfeindliche Richtung in der schweizerischen Politik an. In *Blues.Himmel* taucht politische Werbung auf: »Wollen wir fremd werden im eignen Land?, fragte ein Wahlplakat.« (S. 92) Bis zum Jahr 2012 hatte die Schweizer Angst eben ein neues Schlagwort gefunden, den ›Dichtestress‹, welcher Überfremdung und Übervölkerung der kleinen Schweiz zugleich prognostizierte. Im Jahr zuvor, 2011, hatte die *Schweizerische Volkspartei* in der Schwarzenbach-Tradition eine Volksinitiative gegen ›Masseneinwanderung‹ lanciert. Die Werbekampagne lief, als Micielis Buch erschien, eben auf Hochtouren.[22] Freilich, dessen Titel nimmt eine kleine Veränderung vor, die zeigt, dass der Austausch eines Buchstabenzeichens plötzlich die Wirklichkeit neu erscheinen lässt. Verwandelt man den Namen des damaligen politischen Champions Schwarzenbach in das Titelwort *Schwazzenbach*, so öffnen sich

21 Vgl. schon Max Frisch: Festrede zum Nationalfeiertag am 1. August 1957. In: Ders.: Gesammelte Werke in zeitlicher Folge. 6/7 Bde. [künftig GW]. Hg. v. Hans Mayer/Walter Schmitz. Frankfurt a. Main: Suhrkamp 1976/1986, Bd. IV, S. 220–225, hier die Einführung des Leitmotivs der Rede S. 220: »Ich glaube, die Schweiz hat Angst.« Vgl. etwa Micieli, Mein (em)mentaler Lebenslauf (wie Anm. 5), S. 44: »Die Schweiz hat sich verändert. Sie ist italienischer geworden. […] Die Angst vor dem Fremden ist aber geblieben. Es sind jetzt andere.«

22 Vgl zu diesen Zusammenhängen die kurze Übersicht in meiner Darstellung: Literatur der Migration (wie Anm. 2).

zugleich vielfältige Assoziationen an Geschwätz, das muntere Plaudern eines Baches und Ähnliches mehr. Ein spielerisches Verfahren, das jenes Pathos des drohenden Untergangs, das der Schwarzenbach-Politik stets eignet, leichthin unterläuft und ein wenig lächerlich erscheinen lässt. Und was eigentlich gibt denen, die hier ihre ganz eigene Heimat vor dem Schlimmsten zu schützen vorgeben, denn überhaupt die Gewissheit, »ein Einheimischer zu sein?« (SCHw, S. 67) Authentisch, so ganz eins mit ihrer Tradition, ihrer Herkunft, ihrem Volk, gleichsam verwurzelt im Heimatboden, wie sie vorgeben oder wie sie bei öffentlichen Inszenierungen erscheinen, sind diese Einheimischen ja gar nicht. Der Erzähler besucht einen Schulkameraden: »Die Familie spielt Familie. [...]Wir sind nicht echt. Bist du es? Ich bin erstaunt [...]«. (SCHw, S. 84) Echt sind jedoch die Schläge, die dem Erzähler Angelo auf seiner Mission als ›Agent der kleinen Dinge‹ in seiner ›fremden Heimat‹ im ungemütlich heimischen Dialekt angedroht werden: »Wotsch Puff, Mann. / Bruchsch Schläg?«[23]

Die Feindseligkeit, welche die Beziehungen zwischen den Menschen in jener ›anderen Welt‹, dem Textuniversum Micielis, durchdringt und dafür sorgt, dass die Leser darin ihre Lebenswelt wiedererkennen – diese Feindseligkeit blockiert die Verständigung durch Sprache. Die Verbindung zwischen den Menschen wird durch Akte der Gewalt geschaffen. Schläge sind die Botschaft. Der Alltag ist von Sprachverlust gezeichnet. »Was könnten sie sich sagen? Mit dem Alltag haben sie auch die Sprache verloren.« (MiR, S. 90) – »Er möchte mit seinem Vater reden, sich aussprechen, aber sie hatten seit ihrer ersten Begegnung nicht einmal die häufigsten Wörter der Sprache gebraucht.« (S. 91) Die Figuren, die zum gewalttätigen Handeln fähig sind, ermächtigen sich damit indessen noch keineswegs zu verantwortlichen Subjekten ihres Lebens, sondern sie werden gelebt, erfüllen Funktionen des sich wiederholenden Alltags wie des eintönigen Arbeitens und verstehen sie nicht. Eine Sprache aber, die sensibel Symptome festhält, die solchen Erwachsenen nicht begreiflich, vom Leser aber zu entschlüsseln sind – eine solche Sprache eignet dem Kind. Die Erwachsenen sind aus dieser Sprachwelt herausgewachsen; die Mündigkeit haben sie noch lange nicht erreicht. Der Vater, der innerhalb der Familie als handlungsmächtiger Tyrann erscheint, erfährt eine Entmachtung, als er seine Rolle einbüßt: Gegenüber dem erwachsenen Sohn ist er nicht mehr der Vater und damit »ist er aus dem Text gefallen. Er funktioniert nur noch.« (MiR, S. 11)

23 AkD, S. 26; vgl. bereits die Drohung samt Steinwurf, ebd., S. 19.

Caterina aber ist der Sprache niemals im vollen Umfang mächtig. Sie spricht, aber damit erreicht sie eben keine Hörer, sondern nur Leser, denn der Schreiber eignet sich ihre Rede an: »Ich weiss nicht, ob das wirklich meine Wörter sind. / Erkennen Sie mich? / Sind diese Wörter Caterina? / Meine Sprache wird zur Sprache des Schreibers, aber ich bin nicht der Schreiber.« (S. 53) Der Schreiber ist – wie er sich treffend selbst charakterisiert – nur ein »Geschichtenvoyeur« (S. 52). Er verwandelt Caterinas Leben in seine Schrift: »Nun bin ich zu Wort geworden«, lautet ihre resignierte Bilanz. *Das Lachen der Schafe* ist auch eine Erzählung von der Verwandlung eines Menschen in ein Buch, in Schrift.

Freilich werden jene Grenzen, die Caterina nicht überwinden kann, zumindest doch ihrer Reflexion zugänglich. Ist ihr Leben erst einmal ins Buch gebracht, so entsteht ein unerfüllbares Begehren nach Gemeinschaft. Es wird eine neue Form von Beziehung denkbar. »Ich möchte Sie berühren, lesender Mensch. Es muss schön sein, lesen zu können. / Am Anfang war das Wort. Für mich gibt es noch immer kein Alphabet.« (S. 53) Der Anfang jener Schöpfung, den Caterinas unvollständiges Zitat aus dem Beginn des Johannesevangeliums aufruft – ›im Anfang war das Wort, und das Wort war bei Gott‹ (Johannes 1:1) – wird nicht eingelöst. Nicht einmal sie selbst wird sich in der Lektüre ganz erkennen können: »Ich werde das alles nie lesen können.« (S. 103) So bleibt der Frau, die in einer paradoxen Einheit zum Objekt männlicher Schrift und zugleich zum Subjekt der Erkenntnis dessen, was man ihr vorenthält, geworden ist, nur die Sehnsucht nach einem Ende dieses zerrissenen Lebens: »Mein Kopf ist wie ein *Album*, in dem sich die Fotos gelöst haben und in Unordnung geraten sind. / Einschlafen. / Neben mir als Buch einschlafen.«[24]

Caterinas Spracherfahrung geht auf eine Lebenserfahrung des aufgezwungenen Andersseins zurück, die sich in der Fremde zu völligem Unverständnis steigert: »Nicht verstehen. / Das ist mein Satz.« (S. 16) Unverständnis wird ihr nicht nur von der Ordnung von Familie und Geschlechtern zugeschrieben, sondern es resultiert auch aus der Konfrontation mit der »Sprache des Auslandes« (VgH, S. 44). Diese Konfrontation mit einer fremden Sprache beginnt aber für die männlichen Ich-Erzähler Micielis, wenn wir einmal den Lebensphasen über die Jugend bis zum erwachsenen Schriftsteller folgen, schon früh im scheinbaren Inland: »Mein alltäglicher Gang zur Schule war *eine Auswanderung*. Von der Muttersprache in die Staatssprache, Scuola elementare, hinter

24 LSch, S. 103. Hervorhebung WS. Vgl. oben Anm. 13 zur ›Album‹-Metapher.

grossen Mauern. Die Gassen, die Plätze, die Bäume, die Häuser, die Olivenhaine, die Kastanienwälder waren Muttersprache. Altes Albanisch, fünfhundertjährig und mehr, den Türken entzogen. Im Laufe der Zeit ist es Italo-Albanisch geworden und stirbt in diesem Jahrhundert.«[25] Italienisch aber »ist in diesen Dörfern die Sprache der Mächtigen, der Regierung, der Kirche, Gottes, der Schule, der Polizei und der Armee«.[26] Auf der Reise ins fremde Land dann potenziert die Sprachverwirrung sich: »Wir sind ein Auswandererland. / Wenn man auswandert, muss man eine andere Sprache sprechen. / Man muss auch seinen Pass zeigen, damit sie wissen, wer man ist. […] Das andere Land ist kalt. […] Man ist allein.« (VgH, S. 82) – Die Welt der Erzähler Micielis ist eine andere Welt als die des Autors, aber unverbunden sind sie nicht. Der Erzähler in *Meine italienische Reise* verknüpft diese Andersheit von Mensch und Text, und er verbindet sie zudem mit der familiären Konstellation. Denn er hat keine Muttersprache, so wie auch seine Mutter keine Sprache hatte: »Ich schaue in die italienischen Worte – in meine Stiefmuttersprache. Ich bin nicht der, der ich bin« (MiR, S. 12) – wie es in einer Rücknahme der absoluten Identitätsformel des biblischen Schöpfer-Gottes heißt (2. Mose 3:14). Und so fährt der Schriftsteller-Erzähler in *Meine italienische Reise* fort: »Schreibe also nicht Muttersprache, nicht Staatssprache, sondern Fremdsprache, ich schreibe Deutsch.« (MiR, S. 14) Es ist die Sprache der Schrift, die einzige, die in Micielis Alltag – anders als das Albanische, das Italienische, das Berndeutsche – nie gesprochen wurde. Es ist ›die andere Sprache‹, die Fremdheit schafft; es ist die Sprache, in der ein Dichter ›lügen‹ darf; denn sie tritt ihm nicht in täglicher Rede mit dem Anspruch, recht zu haben, entgegen.

Die erzählte Welt in Francesco Micielis Prosa ist nicht als utopischer Ort der Wahrheit entworfen. Sie ist von Sprachverlust und Sprachverfall gekennzeichnet, von Gewalt und Liebesverrat; die Liebe führt die Menschen nicht im Gespräch zueinander, zerbricht eher in wechselseitigem Schweigen. Und auch die Stimme des Erzählers bricht sich vielfach, entzieht sich der schlichten epischen Mitteilung. Der Erzähler wird, so darf man pointiert sagen, dem Leser fremd. Doch dieses Spiel der Andersheit öffnet eben in der Lektüre auch eine Zuflucht – in den Sprach-Raum des Anderen, einen Nicht-Ort, eine ›andere Utopie‹, die nur im Prozess des Erzählens erfahrbar ist. Die Erzählwelt Micielis erweist sich als solch ein ›anderer Raum‹, in dem die Welt der Macht

25 MiR, S. 13f.; Hervorhebung WS.

26 Vogt, Nachwort (wie Anm. 6), S. 97.

und des Streits ihr Recht verloren hat. Es ist ein Raum des Gesprächs. Hier kommen andere Stimmen zu Wort, die Erfahrung öffnet sich hin zu den Erfahrungen anderer Autoren, zu ihren Weltentwürfen, reichert sich an und schickt den Leser auf eine andere Reise in eine Welt der Texte, eine neue Weltliteratur vom Schweizer Standpunkt aus. Und zugleich gibt der Text Francesco Micielis damit jeden Anspruch auf unverwechselbare Identität eines schöpferischen Autor-Ichs preis, um ›ein anderer zu sein‹ und nicht – gottgleich – ›der, der ich bin‹: »Ich bin nicht der, der ich bin. Die Texte, die ich schreibe, sind schon lange da. Ich überschreibe Teile aus einem ewigen Text so gut ich kann, so gut ich höre.« (MiR, S. 12)

Den Impuls für diese Wechselrede, diesen Dialog im Literarischen geben die Zitate, die sich von früh an in Micielis Prosa immer wieder finden. Die Zitate öffnen andere Sinn- und Erfahrungsräume, und Micielis Zitate wollen denn auch keineswegs kryptische Rätsel aufgeben, sondern sie laden dazu ein, ja, sie fordern die LeserInnen dazu auf, sich auf die Reise durch die Gefilde der Literatur zu begeben: »*Meine* italienische Reise‹ – dieser Titel nimmt mit Goethes kanonischem Reisebericht, dem Grundbuch deutscher Italiensehnsucht, in der das Verlangen nach Schönheit und Wiedergeburt in eins fallen, den Dialog auf – und setzt eine Totenreise des Heimatverlustes gegen dessen klassische Botschaft zeitlosen Lebens. Befreiend wieder wirkt dann die spielerische Anspielung: ›Schlaflos in Lützelflüh‹ lautet der Untertitel von *Schwazzenbach*, der die epische Schweiz eines Jeremias Gotthelf ins Filmreich katapultiert: Wie schön wäre statt ›Schwarzenbach‹ und Heimatepik eine Liebe à la Hollywood, der Schluss einer ›romantischen Komödie‹, zudem mit ungemeinem Breitenerfolg: Nora Ephrons Film aus dem Jahr 1993 *Schlaflos in Seattle* spielte weltweit 220 Millionen Dollar ein.[27] Dagegen haben die Buchautoren Micielis einen schweren Stand. – Der erfolglose Autor Angelo erfindet »aus Jux« im Medium einer Zeitungsannonce seine (Erzähl-)Existenz als ›Agent der kleinen Dinge‹, nachdem er »vom Tod des Schriftstellers Jakob Arjouni und damit verbunden vom Tod dessen Privatdetektivs ›Kajankaja‹« erfahren

27 Die genregemäße Geschichte in diesem ironisch anzitierten Film steht antithetisch zur Poetik Micielis; ein virtuoses intermediales Spiel – vom Wunsch nach einer neuen Liebe in einer entsprechenden Radiosendung über das Telefonat, das in der Sendung Privates öffentlich macht, über einen – anonymen – Liebesbrief, der wiederum von einem Film inspiriert ist, finden sich schließlich die beiden, die zum Paar bestimmt sind, ›on top of the world‹: Durch die medial kodierte Andersheit zur Identität in Liebe (so eine freilich allzu kühle Deutungsformel).

hatte; so verknüpft er seinen Text mit dessen Intertext und der Erzähler, der von Angelo erzählt, übernimmt für seinen Text die Struktur und Überschriften von Mozarts *Die Schuldigkeit des ersten Gebots* (KV, S. 35).[28] Das erste der zehn Gebote aber lautet: ›Ich bin der Herr, dein Gott‹ (2. Mose 20:2); damit wird der Schöpfer, dem sich als Autor der Text versagt und entzieht, doch mit höchster Autorität als Maßstab über den Text gesetzt. – Der Text von *Liebe im Klimawandel* aber war bereits vollends strukturiert von Zitaten. Der – fiktive – Herausgeber macht auf diesen Zitatcharakter aufmerksam, und der letzte, der VIII. Abschnitt des Manuskripts ist überschrieben: »Liste der Bücher und Zeitungen, die uns Wärme gaben und uns ermöglichten weiterzuleben.« Dies freilich ist doppelsinnig. Die Bücher ermöglichen Leben: »All unsere Gefühle und Gedanken haben wir dort gefunden. Wir waren die letzten Leser« (VIII, S. 1) – und damit nimmt die selbstironische Nennung von *Das Lachen der Schafe* in dieser Liste auch nicht wunder. Aber nicht nur durch die Lektüre und ihren zeitlosen Gehalt, sondern auch in ihrer Materialität helfen die Bücher; verbrannt spenden sie eben auch Wärme und sichern für kurze Zeit das weitere Überleben. (Die Reminiszenz an François Truffauts Film *Fahrenheit 451* sei hier zumindest angemerkt; dort freilich sind die Bücher längst der Vernichtung durch die Staatsfeuerwehr zum Opfer gefallen und ihr Inhalt kann nur an einem utopischen Ort gerettet werden, wo jeder sein Lieblingsbuch sich ins Gedächtnis eingeprägt hat und es auf Verlangen vorträgt.)

Die Dialoge von Micielis Texten aber sind nicht auf eine Sprache oder gar eine Nationalliteratur begrenzt. Sie schaffen neue und andere Räume. Doch stets, auch wenn es nicht gerade um eine apokalyptische Gefährdung ›im Klimawandel‹ geht, dienen sie dazu, für die je besondere Erzählung eine Verbindung zum gemeinsam Menschlichen zu stiften; dies wäre vielleicht der Weg zur Rettung und »Erlösung« (AdK, S. 9). Eigene Erfahrung jedenfalls steht nicht isoliert. »Conversazione in Sicilia«, lautet eine – unkommentierte – Assoziation des Erzählers in *Meine italienische Reise* (S. 61). Elio Vittorini hatte in *Conversazione in sicilia* (1938–1939/41) bereits die Rückkehrreise eines Mannes dargestellt, der freilich in Sizilien seine Heimat nicht findet. Die Identität des reisenden Erzählers ist ungewiss, aber autofiktionale Zeichen sind gesetzt; ebenso aber ist ›Sizilien‹ keineswegs das Sizilien der gewöhnlichen Landkarte, sondern eine Landschaft auf der Karte der Literatur.

So vertrauen Micielis Texte auf Leser, die sich auf solche Hinweise

28 So AdK, S. 9.

einlassen und sich auf die Suche nach einer Bereicherung ihrer Lese- und Lebenserfahrung begeben. Dass jedoch jene selbstverständliche Gemeinschaft, die sich in der erzählten Welt so gar nicht einstellen will, nun zwischen Autor und Leser gleichsam gerettet würde – das sollen die LeserInnen Micielis keineswegs glauben. Zweifel bleibt angebracht. Es gibt immer auch die andere Möglichkeit, und sie wird mit einer freundlichen Lesersatire in *Meine italienische Reise* eingeführt. Auf seiner Reise begegnet der Erzähler, der ein Autor ist, einer Mitreisenden, die seine Bücher kennt. Es sind die Titel, die Francesco Micieli veröffentlicht hat. Doch genau kennt die engagierte Leserin sie nicht. *Das Lachen der Schafe* verwechselt sie mit »das Schweigen der Lämmer, ein Bestseller« – allerdings eben nicht bloß ein Buch, sondern eine Bestsellerverfilmung aus Hollywood.[29] Und: »Hat Ihr Vater wirklich so grosse Hände?« (S. 22) fragt die Leserin weiter, die sich offenbar auch mehr für die Realität als für die Kunst des Autors interessiert. Manch andere Bücher kennt sie allerdings ebenfalls. So kramt sie eins »aus ihrer Handtasche. Es trägt den Titel Andorra. – Das ist auch ein Italiener«, weiß sie über den Autor zu berichten (MiR, S. 22) – eine doppelte Fehlinterpretation, denn so wenig wie Francesco Micieli ist Max Frisch Italiener. Allerdings schilderte Frischs Modelldrama *Andorra* den heimatstolzen Kleinstaat als einen Ort, der sich gegen die ›Anderen‹ abschließt, bis zur Austreibung und Ermordung des Außenseiters Andri, den man – irrtümlich – für einen Juden hält.[30] Als Angelo, der ›Agent der kleinen Dinge‹, sich »einen neuen Namen geben« will, um neu anzufangen – da hält er, nach seinen Emmentaler Erkundungen, »Ander« für passend; Rebecca, seine Assistentin, findet »Agent Ander […] cool. […] Andrì wäre auch schön. Andrì!« (S. 95 f.) Gemeinsam ist den beiden Autoren Frisch und Micieli, obschon jener in der Schweiz geboren, dieser zugewandert ist, doch gleichwohl, dass sie unheimisch sind in der Schweiz – ein Bewusstsein des »Emigrantische[n], das uns

29 MiR, S. 21; in seiner dritten Dresdner Vorlesung (S. 44f.) erzählt Micieli eine ›andere‹ Geschichte; hier entsteht aus der Verwechslung mit dem Film ein neues Werk im anderen Medium – ein Opernlibretto.

30 Vgl. meine Studie: »Was hat unsereiner denn eigentlich getan?« Die Erinnerung an die Shoah im Werk Max Frischs. In: Die ersten Stimmen. Deutschsprachige Texte zur Shoah 1945–1963. / Les premières voix. Écrits sur la Shoah en langue allemande 1945–1963. Hg. v. Ruth Vogel-Klein. Würzburg: Königshausen & Neumann 2010, S. 243–269.

verbindet«.[31] Den Dialog mit Max Frisch, dem bei seinen Schweizer Landsleuten missliebigen Schriftsteller, hat Micieli mit immer neuerlichen Zitaten und Reminiszenzen durch sein gesamtes bisheriges Œuvre geführt.[32] – »Ich mag das schwarze Quadrat.« (I, S. 8), so bekennt ER in *Liebe im Klimawandel* als Antwort auf die monochromen Bilder, die SIE malte.[33] Das *Schwarze Quadrat*, jenes berühmte Gemälde von Konstantin Malewitsch, inszeniert den Kontrast von Schwarz und Weiß in einer elementargeometrischen Form als Basis jeder Kunsterfahrung. Es wird freilich zugleich in die Poetologie von Max Frisch übersetzt: Im Jahr 2008 – zwei Jahre vor *Liebe im Klimawandel* – war die Poetikvorlesung, die Max Frisch 1981 in New York gehalten hatte, aus dem Nachlass veröffentlicht worden, unter dem Titel *Das schwarze Quadrat*. Das ›schwarze Quadrat‹ Malewitschs hebt sich vom weißen Grund ab; so wird die schwarze Schrift des ›Schreibers‹ – laut dem nachträglichen Kommentar in *Meine italienische Reise* – dem kopierten weißen Papier die Identität einer Geschichte verleihen. – Und von Max Frisch stammt eben auch die Erzählung, auf die Micieli mit *Liebe im Klimawandel* ganz offenkundig antwortet: Denn die zentrale Figur jener Erzählung Frischs *Der Mensch erscheint im Holozän* lebt isoliert durch schier endlosen Regen in einem einsamen Haus im Gebirge: Mit wachsender Angst um das eigene Gedächtnis, irgendeiner Identität keineswegs mehr sicher, sammelt dieser Herr Geiser die Reste verlässlicher Information aus den ihm zugänglichen Quellen, so wie die Zitate dem in der Sintflut ausgesetzten Paar bei Micieli eben noch einen Rückhalt in der Zivilisation bieten. Dass sich erzählerisch keinerlei Identität mehr sichern lasse, ist eine in Max Frischs Werk so präsente Thematik, dass sie der Autor selbst – ironisch distanzierend – nachgerade zu seinem ›Warenzeichen‹ erklärte.[34] Auch

31 So Max Frisch: Emigranten. Rede zur Verleihung des Georg-Büchner-Preises 1958. In: GW IV (wie Anm. 21), S. 229–243, hier S. 239.

32 Selbstverständlich fehlt auch in den Dresdner Vorlesungen das Frisch-Zitat nicht; vgl. oben S. 44. – Beim Dresdner Frisch-Kolloquium im Herbst 2011 hielt Micieli einen Vortrag *Max Frisch und die Migranten*.

33 Denn wie er dem Schreiben, so widmet sie sich der Kunst der Malerei: »Tag und Nacht malte ich monochrome Bilder. Meistens schwarz.« (LK, I, S. 8) Auch dies – Schreiben und bildende Kunst – sind, wie ein Blick auf seinen Berufsweg zeigt, komplementäre Aspekte in Micielis Autorschaft. – Zum Folgenden vgl. meine Studie: Max Frisch »Schwarzes Quadrat« – eine Poetik im Zitat. In: Max Frisch. Citoyen und Poet. Hg. v. Daniel de Vin. Göttingen: Wallstein 2011, S. 56–71.

34 So Frisch im Gespräch mit Dieter E. Zimmer 1967; vgl. meine Monographie: Max Frisch: Das Spätwerk (1962–1982). Eine Einführung. [= UTB 1351] Tübingen: Francke 1985, S. 11. Zu ›Holozän‹ vgl. ebd. S. 143–148.

Caterinas Lebenserzählung in *Das Lachen der Schafe* soll im Modus des Zweifels beginnen: »Ich sei Caterina. / So wollte der Schreiber sein Buch beginnen. Ich habe ihm davon abgeraten, weil ich Caterina bin. Später hat der Schreiber auch erfahren, dass schon *ein anderer* einen ähnlichen Anfang gebraucht hatte«.[35] Und dies war eben Max Frisch mit dem geradezu sprichwörtlich gewordenen Titel des Romans *Mein Name sei Gantenbein* – zugleich das Programm eines auf mehrere Figuren aufgespaltenen Erzählexperimentes, durchgeführt von einem Buch-Ich, das sich jeder Erzählung entzieht, nicht festzulegen und in Freiheit immer ›anders‹ ist – oder doch sein soll. Die Korrektur dieses Konjunktivs der Erzählmöglichkeiten in Frischs *Gantenbein*-Roman bei Micieli ist konsequent: »Ich bin Caterina«[36] – eine zum Anderssein verurteilte Frau, der sich keinerlei Wahlmöglichkeiten eines Erzähler-Ichs nach Frischs Muster öffnen. Denn zuletzt wird Caterina durch die Arbeit des Schreibens ja fixiert als eine Andere, als eine beschriebene Figur.

Gleichwohl könnten solche Reminiszenzen in Texten Micielis bloß für eine persönliche Vorliebe des Verfassers einstehen; tatsächlich aber sind sie darüber hinaus als Zeugnis einer Suche des Autors nach einer Beheimatung in der Schweiz zu entziffern, einer Suche, die – wie nicht anders zu erwarten – kein Ziel findet: Doch eben die Erfahrung der Fremde teilt Micieli mit dem nur scheinbar einheimischen Autor Max Frisch. Die Frage nach der ›Schweiz als Heimat‹ hat Max Frisch schon früh auch öffentlich gestellt und seine Antworten, von Beginn an skeptisch, ließen im Lauf der Jahre erkennen, dass für ihn die Schweiz von den Schweizern, die sie beherrschen, eben unheimatlich gemacht wurde.[37] So hat Frisch allmählich die Abwehr des Fremden als eine Strategie der Ablenkung begreifen gelernt: Indem sie Zuwanderern das Recht auf Heimat vorenthielten, suggerierten diejenigen, die sich die Heimat durch Macht und Besitz aneignen konnten, eine Einheit des Schweizer Volkes, die jede Frage nach Unterschieden gleichsam überflüssig und jeden Fremden zum Störenfried machte. – Frisch hatte derart sich trotz seines Weltruhms den Rang eines Schweizer Nationalklassikers verscherzt. Er galt nicht den Schriftstellern, wohl aber den Meinungsführern in Politik, Wirtschaft und auch in etlichen Medien eher als unschweizerisch, als

35 LSch, S. 29; Hervorhebung WS.

36 Ebd.; vgl. das variierte Spiel der Namensgebung, oben Anm. 12.

37 Vgl. Max Frisch: Die Schweiz als Heimat? Versuche über 50 Jahre. Herausgegeben und mit einem Nachwort versehen von Walter Obschlager. Frankfurt a. Main: Suhrkamp 1990.

einer, der illoyal zu seinem Vaterland sei: ›Nestbeschmutzer‹ lautet der Vorwurf. Die Literatur bringe eben, so hatte Frisch wiederum schon in seiner Rede *Emigranten* im Gedenken an Georg Büchner angemerkt, jenes »Arsenal der Phrasen«, wie es den Mächtigen beliebe, durcheinander;[38] sie schildert andere Welten, mögen diese auch vorerst utopisch sein, so wie es seine späte Poetik in *Das schwarze Quadrat* entwirft. Die Utopie bildet den Maßstab der Fremdheit.

Nun sind schweizer-deutsche Schriftsteller durchaus Experten für das, was im jüngeren, internationalen Diskurs als Differenz und Fremdheit verhandelt wird, denn sie alle schreiben in einer Fremdsprache. Sie alle haben einen Sprachwechsel von der Muttersprache, dem Dialekt, zur Hochsprache hinter sich, auch wenn dies eben nicht nur die Sprache ihres Vaterlandes ist. Sie sind – und dies gilt nicht nur für Max Frisch – »mehrheimisch« (StB, S. 54). Das Deutsche erschließt einen größeren Kulturraum, der freilich in der viersprachigen Schweiz wiederum nur ein Segment einnimmt – wenn auch das relativ größte; und Größe ist überdies, hier wie dort, immer mit der Drohung von Dominanz verbunden. Man hat in der ›kleinen‹ Schweizer Kultur, die an den umgebenden Kulturräumen je ihren Anteil hat, einen kompensatorischen Grundzug des Verlangens nach Größe entdecken wollen, das im Alltag das ebenso vielbesprochene ›Unbehagen‹ im heimatlichen Kleinstaat auslöst.[39] Doch erwächst Micielis Unbehagen in diesem Kleinstaat, der sich den Zuwanderern nicht so heimelig und heimatlich zeigen will, ebensowenig wie das Max Frischs aus einem Verlangen nach Größe; vielmehr bereitet ihm – dies wiederum wie Max Frisch – die selbstgefällige Isolation im Kleinstaat Unbehagen.

Dagegen stehen im Schweizer Klassiker-Olymp jene Autoren, die das Schweizertum verbürgen – zumindest vorgeblich. In Micielis Werk ist dies Jeremias Gotthelf, der – so wie Francesco Micieli selbst, so wie viele von dessen Erzählerfiguren – einheimisch ist im Emmental und in Lützelflüh. Die unsicheren Erinnerungen Angelos in *Schwazzenbach* werden begleitet von seinen Dialogen mit Gotthelf, demjenigen Autor, der so schweizerisch ist, dass der Ehrenname ›Nationalautor‹ für ihn noch zu gering wäre: Er ist gleichsam die Verkörperung des Volkes und der Landschaft – des Emmentals, des Dorfes Lützelflüh – in der

38 Frisch, Emigranten (wie Anm. 31), S. 236.

39 Vgl. meine Studie: »achtung: Die Schweiz«: Eine ›kleine Kultur‹ aus großen? In: Konzeptualisierung und Status kleiner Kulturen. Hg. v. Christian Prunitsch. München: Sagner 2009, S. 97–116.

Literatur; er steht für eine Einheit, die längst zerfallen ist: »Ich beneide dieses Zusammengehen von Natur und Mensch in deinen Texten«, bekennt Angelo, »und die Sprachkraft, die es dafür braucht.« (SCHw, S. 47) Gotthelf hatte »das sichere Gefühl der Zugehörigkeit«. (SCHw, S. 70) Zumindest kommt es Angelo so vor: »Er musste nicht unter dem Zwang leben, zu verstehen und verstanden zu werden, wie es Fremde tun müssen. Aber über seine Gleichsetzung von Frau und Fremd müsste auch gesprochen werden.« (SCHw, S. 70) Und so sieht – wie Micieli erkennt – auch Gotthelf die Trias derer, die nicht zu ›uns‹ gehören und ›uns‹ in unserer Eigenart gefährden: »Jude, Fremder und Frau«.[40] Gotthelfs berühmte Erzählung *Die schwarze Spinne* hatte einst geschildert, wie das Emmental aufgrund der Sünden seiner Bewohner von einer diabolischen schwarzen Spinne heimgesucht wird. Eine tapfere Frau, die sich freilich opfern muss, bannt jedoch die Spinne, verschließt sie in einem Holzpfosten, festgefügt im heimatlichen Schweizerhaus. Die Bedrohung bleibt, doch wird sie, solang die Schweizer sie nicht selbst freisetzen, niemals wiederkehren. »Kann es sein«, so lautet die subversive Frage in *Schwazzenbach*, »dass die Fremdenfeindlichkeit wie die schwarze Spinne im Holz eingesperrt werden könnte?« (S. 78) Wäre gerade das, was vielleicht nicht der Autor Gotthelf mit seinen Texten, wohl aber das monumentale Gotthelf-Denkmal verkörpert, nämlich die Selbstgewissheit des Heimatlichen, die wahre Gefahr, die im Emmental noch immer lauert – die Fremdenfeindlichkeit, und nicht etwa das Fremde. »[N]eben der Gotthelfstatue«, die dem literarischen Heros gewidmet ist, sollte daher – so meint Daniele, der Erzähler von *Meine italienische Reise* – »die des unbekannten Italieners stehen [...], was bis heute noch nicht stattgefunden hat.« (MiR, S. 38) Damit wäre eine Einheit des Eigenen und des ›Anderen‹ repräsentiert, der sich die Schweiz so beharrlich verweigert.

Vielleicht wäre eine Öffnung der Schweiz denn auch eine Utopie, an die sich zu erinnern lohnt. Einst war die Schweiz stolz darauf, das Muster Europas zu sein.[41] »Europa« – so der beziehungsreiche Name einer Bar,

40 SCHw, S. 71. – Doch der Fremde steht auch ökonomisch in einer eigentümlich verschränkten Situation von Freiheit und Abhängigkeit, anders als der einheimische Schriftsteller: »Gotthelf war der erste Schriftsteller in der Schweiz, der von seinem Schreiben hätte leben können. Ich kann es nicht und weiss nicht, ob ich es wirklich möchte. Nicht vom Schreiben leben zu müssen, empfinde ich als befreiend.« (SCHw, S. 71)

41 Vgl. zu der mit Nietzsche einsetzenden Belegreihe meine Studie: »achtung: Die Schweiz« (wie Anm. 39).

allerdings nicht im Emmental, sondern im anderen unheimatlichen Ort Santa Sofia d'Epiro – ist noch nicht fertiggestellt. Das Haus wird zur Metapher, komplementär zu Gotthelfs stabilem Schweizerhaus: »Er hat das Gefühl, dass sie hier hingestellt wurde, um in dieser Geschichte zu erscheinen. Ein vierstöckiges Haus, ausgebaut ist nur der unterste Teil, darauf türmen sich Betonpfeiler, Treppen, Böden, eine auf der anzunehmenden Wetterseite hingestellte Holzwand, wie von einem Irren mit tausend Nägeln festgenagelt.« (MiR, S. 89)

* * *

Erbaulich und ermutigend fallen die Geschichten, die Micieli zu erzählen hat, nicht aus. Sie verunsichern, sie stellen Gewohnheiten nicht nur des Lebens, sondern auch des Lesens infrage. Ihre Sujets – brüchige, scheiternde Liebe, Verlust, Flucht, Vertreibung, Gewalt, Tod – sie könnten traurig stimmen, wäre da nicht nochmals die – weibliche – Gegenstimme: »Ich bin nicht so traurig wie meine Geschichten« (LSch, S. 101), versichert Caterina. Sie schien stets nur in Abhängigkeit zu leben, Abhängigkeit von ihrem Mann, der auswanderte, in jenes Ausland, das »nur Männer« braucht (LSch, S. 22). Damals fand an der Grenze eine ärztliche Untersuchung statt. Alle warten, »[w]ie eine Herde Schafe« (ebd.). Tonio aber, Caterinas Mann, der lange Schafe gehütet hatte, weiß es, »dass Schafe lachen können.« (ebd.) Und Caterina ist nicht bloß durch väterliche Gewalt die Frau Tonios; sie hat eine Wahl getroffen, selbstbestimmt: »Ich habe Tonio geheiratet, weil er nicht so war wie mein Vater, weil er lachen konnte, weil er Augen hatte wie die Heiligen auf den kleinen Bildern für zwanzig Lire. Er wanderte mit mir aus.« (LSch, S. 21) – Und trotz der Unbill ihres Lebens, das der Schreiber in ein Buch verwandelt hat, beruft sie sich auf eine andere Geschichte, deren Zeichen nicht zu tilgen waren: »Ich habe mehr gelacht als Tonios Schafe./ Aber wenn ich erzähle, wird es mir traurig. / Vielleicht, weil ich schon alt bin. / Die Vergangenheit ist endgültig, und die Zukunft ist kurz. / Aber ich lache, ich lache auf all den Fotos, die ich habe. Ein schönes Lachen.« (LSch, S. 101) Was der Text nicht wissen will, bewahrt das Bild.[42] Und wenn alles geregelt scheint, wenn die Geschichten er-

42 Zum poetologischen Motiv des (Foto-)›Albums‹ vgl. Rothenbühler, Im Fremdsein vertraut (wie Anm. 13), S. 63f. sowie ausführlicher Schmitz, ›Schöne Morea‹ (wie Anm. 1); dort auch nochmals zum Werkdialog mit Max Frisch. – Allerdings hätten wir es mit dem Autor Micieli zu tun, wenn nicht auf jede Position die gegenteilig

zählt, die Helden untergegangen sind, die Fremde sich unwirtlich zeigt wie eh und je, dann bleibt doch eine Erinnerung – und sie gibt dieser italienischen Reise kein Ziel, nur ein grotesk isoliertes, ›anderes‹ Zeichen der Hoffnung – »der lachende Zahn der Grossmutter« (MiR, S. 23); damit ist auch der Erkundung einer Poetik ein persönliches Zeichen vorangestellt, ein ›Fraktal‹ von Identität. Und wenn die erzählte Person in der Erzählung verschwindet, nicht mehr »zu sehen« ist, so entsteht eben daraus die Chance einer anderen Wirklichkeit, einer Sprache des Miteinanders: »Sie werden mich nicht sehen können, aber ich bin es wirklich. Schade, dass ich hinter den Wörtern verschwinden muss. Ich möchte Ihnen die Hand geben. Grüss Euch, mir se na erdhit, salve, würde ich sagen. Nicht dass ich sprachbegabt bin, aber grüssen kann ich.« (LSch, S. 29) Mit »Salü« beginnen die Tagebuchnotate des Kindes in Micielis Erzähldebut – »sehr hübsch, ein kumpelhaftes Grusswort, und ein Lehnwort aus einer fremden Sprache auch.«[43] Und zuletzt schließt sich ein Kreis, endet das Tagebuch mit einer Anrede und mit jenem Wort in der »fremden Sprache«, das – wie Micieli präzisiert – Begrüßung und Abschied zugleich« sein kann: »Salü«.[44]

andere folgen würde – so auch hier; denn Angelo, der Schriftsteller-Detektiv, erfährt in seiner Schreibkrise ein Stück des eigenen Todes und »die Trauer« bleibt ihm, denn: »Starb der Autor, so starben auch seine Figuren. Niemand würde sie weitererzählen. *Auch sein eigenes Leben* hing an einem solchen *dummen* Erzählfaden. Auf dem Feld standen *Schafe unmotiviert herum, sie glotzten ihn an.*« AdK, S. 15; Hervorhebung WS.

43 Vogt, Nachwort (wie Anm. 6), S. 97.

44 VgH, S. 92; dazu Micieli, Der Preis für das Fremdsein (wie Anm. 3), S. 524.

INHALT

Bibliographische Information der Deutschen Bibliothek
Die Deutsche Bibliothek verzeichnet diese Publikation in der Deutschen Nationalbibliographie; detaillierte bibliographische Daten sind im Internet über <http://dnb.ddb.de> abrufbar.

Bibliographic information published by Die Deutsche Bibliothek
Die Deutsche Bibliothek lists this publication in the Deutsche Nationalbibliographie; detailed bibliographic data is available in the internet at <http://dnb.ddb.de>.
ISBN 978-3-942411-53-0

THELEM Universitätsverlag und Buchhandel
GmbH & Co.KG
Dresden und München

Titelbild: privat.

Made in Germany.